RENE LASSERRE • ALAIN LATTARD

Die berufliche Bildung in der Bundesrepublik Deutschland

D1663654

Reihe

MATERIALIEN ZUR BERUFS- UND ARBEITSPÄDAGOGIK

Herausgeber:

o. Prof. Georg Rothe em.

Universität Karlsruhe (TH)

Projektgruppe Vergleichende Berufspädagogik

Band 11

René Lasserre

Alain Lattard

Die berufliche Bildung
in der Bundesrepublik Deutschland

Spezifika und Dynamik des dualen Systems
aus französischer Sicht

Neckar-Verlag Villingen-Schwenningen

Die Veröffentlichung gibt das Ergebnis einer Untersuchung des Centre d'information et de recherche sur l'Allemagne contemporaine (CIRAC), Paris, wieder. Sie erschien 1993 im Selbstverlag des CIRAC unter dem Titel „La formation professionnelle en Allemagne, Spécificités et dynamique d'un système."

Die Herausgabe in deutscher Sprache in der vorliegenden Fassung erfolgt mit Genehmigung der Autoren.

Übersetzung und Druck wurden aus Mitteln des Wirtschaftsministeriums Baden-Württemberg gefördert.

Übersetzung: Ulrike Maus, Dipl.-Übers.

Die Deutsche Bibliothek - CIP-Einheitsaufnahme

Lasserre, René:
Die berufliche Bildung in der Bundesrepublik Deutschland:
Spezifika und Dynamik des dualen Systems aus französischer Sicht
/ René Lasserre ; Alain Lattard. [Übers. aus dem Franz. von Ulrike Maus]. - Villingen-Schwenningen : Neckar-Verl., 1994
   (Reihe Materialien zur Berufs- und Arbeitspädagogik ; Bd. 11)
   Einheitssacht.: La formation professionnelle en Allemagne <dt.>
   ISBN 3-7883-0878-8
NE: Lattard, Alain:; GT

ISBN 3-7883-0878-8
ISSN 0177 - 4018

1. Auflage 1994
© by Neckar-Verlag GmbH, Klosterring 1, 78050 VS-Villingen
Druck: Druckerei Rohrhirsch, Kaiserstraße 61, 76131 Karlsruhe

Vorwort zur deutschsprachigen Ausgabe

Berichte zu den Besonderheiten der Bildungssysteme benachbarter Länder werden vornehmlich zur Befruchtung der im eigenen Lande geführten bildungspolitischen Diskussion gefertigt. Sie haben eine lange Tradition, was insbesondere auch für die Beziehungen zwischen Frankreich und Deutschland gilt.

Die im vorliegenden Band ins Deutsche übersetzte Studie „Die berufliche Bildung in der Bundesrepublik Deutschland" des französischen Forschungs- und Dokumentationszentrums CIRAC erscheint zu einer Zeit, in der die Länder der Europäischen Union gehalten sind zu prüfen, inwieweit das eigene Berufsbildungssystem den deutlich gestiegenen Anforderungen und insbesondere den Herausforderungen durch den Gemeinsamen Markt mit der dort verankerten Freizügigkeit gerecht wird.

Die Maastrichter Verträge weiten die Kompetenz der EU - bislang mit Art. 128 allein auf die berufliche Bildung bezogen - nun auch auf den Sektor der allgemeinen Bildung aus. Gleichzeitig wurde allerdings festgelegt, daß von Brüssel aus in beiden Zusammenhängen Maßnahmen der Harmonisierung nicht beschlossen werden dürfen.
Daraus folgt, daß als notwendig erachtete Reformen zur Anpassung an die neue Situation - wie der EWG-Vertrag hervorhob - nach „Abschaffung jeder auf der Staatsangehörigkeit beruhenden unterschiedlichen Behandlung der Arbeitnehmer der Mitgliedsstaaten im Bezug auf Beschäftigung, Entlohnung und sonstige Arbeitsbedingungen" nur von diesen Staaten selbst zu veranlassen sind.
Die Festlegungen des Maastrichter Vertrags sollen verhindern, daß den einzelnen Mitgliedsländern von Brüssel aus über Mehrheitsbeschlüsse Schritte aufgezwungen werden können, die z.B. der ländertypischen Bildungsmentalität entgegenstehen und deshalb bei ihrer Realisierung auf erhebliche Schwierigkeiten stoßen könnten.
Die Verantwortung für die Weiterentwicklung und Anpassung der Berufsbildungssysteme an veränderte Anforderungen, also die Sicherstellung der Standortqualität des eigenen Systems auf den nun europäischen Arbeits- und Bildungsmärkten, liegt demzufolge allein bei den Mitgliedsstaaten. Der Zwang zur Überprüfung, ob das eigene System der beruflichen Aus- und Weiterbildung mit internationalen Standards Schritt halten kann, besteht also unverändert weiter.
Erst jüngst - nach Maastricht - hat der Rat der EU in seinem Weißbuch „Wachstum, Wettbewerbsfähigkeit, Beschäftigung - Herausforderung der Gegenwart und Wege ins 21. Jahrhundert" im Kapitel 7 „Anpassung der Bildungssysteme" auf die Bedeutung von Bildung und Ausbildung für die Lösung der Wachstumsprobleme verwiesen und hervorgehoben, daß die Mitgliedsländer und die Gemeinschaft nun zu einer „Anpassung des europäischen Bildungs- und Ausbildungssystems übergehen" müßten; er hält also - ausgehend vom jetzigen Stand - Reformen in den Berufsbildungssystemen der Mitgliedsstaaten für dringend erforderlich.

Unter diesen Prämissen ist das gegenseitige Kennenlernen der Qualifikationssysteme der EU-Mitgliedsstaaten zwingend erforderlich. Damit ist die hier vorliegende Darstellung der deutschen beruflichen Erstausbildung durch das kompetente und angesehene Pariser Forschungsinstitut auch für die deutsche Öffentlichkeit selbst von Bedeutung.

Im Bemühen, sich einen sicheren Überblick über die Stärken und Schwächen des eigenen Systems zu verschaffen, sind Stellungnahmen aus Außensicht immer besonders aufschlußreich. So soll dieser Band dazu anregen, das eigene System einer kritischen Betrachtung zu unterziehen.

Nach seiner Aufgabenstellung befaßt sich das CIRAC als zentrale Forschungs- und Dokumentationsstelle mit wirtschaftlichen, sozialpolitischen und bildungspolitischen Aspekten des deutschen Nachbarlandes. Es arbeitet nicht in staatlichem Auftrag und gilt als unabhängige Forschungsinstitution, die allerdings staatlich gefördert wird.

Die vorliegende Veröffentlichung des CIRAC basiert auf der Sichtung der diesbezüglichen deutschsprachigen Literatur einschließlich statistischer Unterlagen und wurde ergänzt durch Erkenntnisse aus Kontaktaufnahmen mit maßgeblichen Vertretern des deutschen Systems.

Sie ist also kein bloßer Reisebericht, sondern versteht sich als fundierte Untersuchung mit ausgesprochen soziologischer und politischer Zielsetzung. Die Arbeit ist als Analyse und komprimierte Darstellung des deutschen dualen Systems zur Berufsausbildung anzusehen, indem sie ein Bild zeichnet, wie es sich bei Sichtung der deutschen Literatur zur Themenstellung aus der Perspektive des Nachbarlandes ergibt.

In der Tradition der „fact-finding-visits" haben die Autoren dieses Bild durch Beobachtungen und Gespräche vor Ort verifiziert und ergänzt. Analysen und Kritik folgen daher den Selbstdarstellungen und Hinweisen von Vertretern des zu untersuchenden Systems. Im Hinblick auf die Vielfalt der neuen Kooperationen zwischen Qualifikationssystemen im Rahmen der EU bleibt - solange exakte Vergleiche fehlen - diese Art der Informationsgewinnung immer noch die wichtigste Quelle der Erkenntnis.

Analysen des deutschen Berufsbildungssystems sind in Frankreich, von kurzen Zeitungsartikeln abgesehen, nicht besonders zahlreich. Der Informationsstand über diesen Themenbereich erscheint dort also noch nicht in voller Breite dokumentiert, obwohl ein beachtliches Interesse augenfällig ist. Der vorliegende Band des Pariser Instituts schließt deshalb eine wichtige Lücke in der französischen bildungspolitischen Diskussion und stellt so zweifellos zu einer Zeit, in der in Frankreich Reformen bereits vorbereitet und eingeleitet wurden, eine bedeutende Informationsquelle über die Besonderheiten der beruflichen Bildung in Deutschland dar.

Immer noch stellen Sprachbarrieren wechselseitig ein Handikap dar, wenn es darum geht, den Stand der Diskussion zur Berufsbildung in den europäischen Nachbarländern aufzuarbeiten, um den Stellenwert der verschiedenen Teilsysteme richtig einschätzen zu können. Die ausführlichen Hinweise auf die deutsche Literatur zum dualen System seitens der Autoren sind daher besonders hervorzuheben.

Es erscheint also angebracht, auf diese Arbeit auch in Deutschland hinzuweisen, um so mehr, als neben anerkennenden Worten zum deutschen System auch auf Schwachstellen aus französischer Sicht aufmerksam gemacht wird.

VI

Die hier vorgelegte Analyse des deutschen Dualsystems versteht sich nicht als Vergleichsuntersuchung. Wie ausdrücklich hervorgehoben, war eine solche auch nicht intendiert. Sie müßte nach Auffassung der Autoren viel umfangreicher angelegt sein. Die Untersuchung ist eher der Kategorie „Länderstudie" zuzuordnen. Erfahrungsgemäß können Länderstudien ganz verschiedenartig aufgebaut sein. Die Autoren dieses Bandes folgen nicht dem oft begangenen Weg, bei der Beschreibung jedes einzelnen Sachverhalts im System des Nachbarlandes sofort auf das eigene rückzuschließen. Vielmehr wird versucht, die deutsche betriebsgebundene Ausbildung aus ihren eigenen Voraussetzungen heraus zu beschreiben und die berufliche Erstausbildung im Betrieb als ein in sich abgerundetes Teilsystem mit großer Breitenwirkung darzustellen.

Gleichwohl finden sich in der Abhandlung, nach erklärter Absicht der Autoren, einzelne wertende Rückbezüge auf das französische System, vor allem auf die alternierende Ausbildung als den Kernbereich der Untersuchung.

Die vorliegenden Ergebnisse zeichnen sich noch dadurch aus, daß die Autoren bewußt einzelne Gegenüberstellungen zum eigenen System hinsichtlich der Effizienz einbeziehen. Die Untersuchung schöpft also die in Länderstudien gegebenen Möglichkeiten voll aus und stößt dort an ihre Grenzen, wo das Ziel einer Bewertung nur nach systematisch angelegten Vergleichen erreicht werden kann.

Deutlich kommt zum Ausdruck, mit welchen Schwierigkeiten der Versuch verbunden ist, zu einer realistischen Sicht des Erstausbildungswesens der Bundesrepublik zu gelangen. Bei der Komplexität der Situation - man denke nur an das Nebeneinander von Landeskompetenzen und Bundeszuständigkeit, die andersartige Mitwirkung der Sozialpartner im Betrieb und in den verschiedenartigen Gremien sowie die Beteiligung weiterer Akteure auf den einzelnen Entscheidungsebenen - kann dies nicht verwundern.

Die Autoren selbst stellen heraus, daß beispielsweise im Bereich der statistischen Darstellung aufgrund abweichender länderspezifischer Konventionen noch keine hinreichende Transparenz gegeben ist und Interpretationen daher nur mit großen Vorbehalten betrachtet werden müssen. Für den französischen Leser dürften wohl einige Aspekte erläuterungsbedürftig bleiben.

Die Aufnahme der deutschen Übersetzung in die Reihe „Materialien zur Berufs- und Arbeitspädagogik" bot sich an, da schon in deren Band 7 eine parallele Untersuchung - Das Berufsbildungssystem der Bundesrepublik aus englischer Sicht - erschienen ist und die Bände 1 und 10, beide zweisprachig deutsch-französisch aufgelegt, bestimmte Problembereiche der beruflichen Bildung Deutschlands und Frankreichs gegenüberstellen.

Die englische Untersuchung (Bd. 7) basierte auf den Berichten von acht speziell hierfür gebildeten Kommissionen. Sie bestanden jeweils aus fünfzehn Experten aus verschiedenen gesellschaftlichen Gruppen, die nacheinander, unterstützt durch Berufsdolmetscher, ein zuvor präzisiertes Teilgebiet vor Ort analysierten. Jeder Bericht war einstimmig zu verabschieden. Er bildete die Basis für die darauf aufbauenden Recherchen der folgenden Kommissionen.

Die hier wiedergegebene französische Studie ist - wie bereits angesprochen - durch eine andere Arbeitsweise gekennzeichnet. Sie stützt sich zunächst auf den derzeitigen Stand der Fachveröffentlichungen einschließlich deutschsprachiger Primär- und Sekundärquellen. Sie schließt aber auch über Kontakte zu deutschen Stellen gewonnene Erkenntnisse ein (etwa einem Dutzend befragter Ausbildungsbetriebe, einem Ausbildungszentrum und einer Berufsschule).

Während sich das zuvor erwähnte englische Untersuchungsergebnis als Summe von Teilberichten präsentiert, stellt sich die französische Untersuchung als Monographie dar.
Bei der Übersetzung ins Deutsche wurde darauf verzichtet, den deutschen Lesern durch ergänzende Informationen oder Interpretationen die eine oder andere Passage zu erläutern. Das Verständnis dieser fundierten Darstellung des deutschen Systems dürfte dadurch jedoch kaum beeinträchtigt sein.

Wer rasch einen Überblick über die wesentlichen Befunde der Studie gewinnen will, sei auf die Zusammenfassung im letzten Abschnitt verwiesen. Sie geht stark ins Detail, präzisiert die zuvor erarbeiteten Aussagen und befaßt sich ausführlich mit den Risiken und Zukunftsaussichten des Systems. Der deutsche Leser wird durch die aufgelisteten Aussagen interessante Einblicke in Gebiete erhalten, auf die sich seine Aufmerksamkeit als Insider ansonsten kaum richten würde. Somit kann sich das Studium dieser Schrift auch für deutsche Leser als äußerst fruchtbar erweisen.
Die vorliegende Darstellung des deutschen betriebsgebundenen Berufsbildungssystems aus der Außensicht eines kompetenten französischen Forschungsinstituts ist also durchaus geeignet, Anregungen zu geben für die seit einiger Zeit auch in der Bundesrepublik selbst wieder in Gang gekommene Diskussion um dessen Weiterentwicklung.

Georg Rothe

Zusammenfassung

Wie in allen Industrienationen sieht man sich in jüngster Zeit auch in der Bundesrepublik mit Problemen der Eingliederung Jugendlicher ins Berufsleben und der Deckung des Qualifikationsbedarfs der Wirtschaft konfrontiert.

Die Bundesrepublik wird vom Ausland vielfach als eines der Länder angesehen, das unter diesen beiden Aspekten betrachtet als leistungsfähig gilt.

Das französische Forschungszentrum CIRAC (Centre d'information et de recherche sur l'Allemagne contemporaine) will mit der hier in deutscher Übersetzung vorgelegten Studie zur beruflichen Erstausbildung in Deutschland fundierte Informationen vermitteln.

Nach einem kurzen historischen Rückblick und einer Darstellung des institutionellen Rahmens untersuchen René Lasserre, Direktor des CIRAC, und Alain Lattard - beide Experten für wirtschaftliche und soziale Fragestellungen der Bundesrepublik - die Ausbildungsqualität, den Kostenaufwand für die Unternehmen und teilweise auch das Kriterium der Effizienz.

Ungeachtet der positiven Einschätzung vieler Aspekte weisen die Autoren auch auf Schwierigkeiten im deutschen System hin, die u.a. aus Koordinierungsproblemen (beispielsweise zwischen Berufsschule und Ausbildungsbetrieb) und Veränderungen bei der Bildungsnachfrage resultieren.

Die Autoren bestätigen die in Frankreich oftmals vertretene Meinung, wonach die Ausbildungsbetriebe einen entscheidenden Beitrag zur als erfolgreich erachteten Erstausbildung nach deutschem Modell leisten. Sie machen aber auch deutlich, daß die zukünftigen Anforderungen nicht ohne innovative Anstrengungen zu bewältigen sein werden.

Summary

Like all industrial countries, the Federal Republic of Germany has at present to face difficulties concerning the integration of young people into working life and the question of how to satisfy the economy's qualification demands.

Germany is regarded abroad as one of the nations performing well in the effort to solve these problems.

The aim of the study on vocational training in Germany produced by the French research centre CIRAC (Centre d'information et de recherche sur l'Allemagne contemporaine) and published in translation in the present volume was to make well-founded information on this subject available.

Following a brief historical survey and an analysis of the institutional context, René Lasserre, director of the CIRAC, and Alain Lattard - both experts in economic and social questions of Germany - examine the quality of the training offered, industry's expenditure, and partly also the question of efficiency.

Many aspects are judged positively, but the authors also refer to difficulties of the German system resulting among other reasons from coordination problems (such as between part-time vocational schools and industry in apprentice training) and changes in educational demands.

The authors confirm the common opinion in France according to which much of the success attributed to the German model of apprenticeship is based on the contribution of the employers. But they equally point out that future requirements will not be met without innovation.

Sommaire

Comme tous les pays industriels, la République Fédérale d'Allemagne est confrontée, ces derniers temps, avec le problème d'assurer l'insertion des jeunes dans le monde du travail et celui de répondre aux besoins de qualification de l'économie.

L'Allemagne est regardée par l'étranger, de ce double point de vue, comme un des pays performants.

L'objectif de l'étude de l'institution de recherche française CIRAC (Centre d'information et de recherche sur l'Allemagne contemporaine) portant sur la formation professionnelle initiale en Allemagne, publiée en traduction dans le présent volume, est de donner des informations fondées dans ce domaine.

Après un bref rappel historique et une description du cadre institutionnel, René Lasserre, dircteur du CIRAC, et Alain Lattard - spécialistes des questions économiques et sociales allemandes - évaluent la qualité des formations dispensées, leur côut pour les entreprises et, en partie, leur efficacité.

Beaucoup d'aspects sont jugés positifs. Cependant, les auteurs également mettent en évidence les difficultés qui résultent, entre autre, des problèmes de coordination (par exemple entre l'école professionnelle et les entreprises qui s'engagent dans la formation) et l'évolution de la demande d'éducation.

Les auteurs confirment l'opion largement répandue en France selon laquelle le succès attribué au modèle de formation professionnelle allemand repose essentiellement sur la contribution des entreprises. Mais ils montrent aussi que des innovations seront nécessaires dans l'effort de satisfaire aux exigences futures.

Sommario

Negli ultimi tempi, nel settore della politica concernente la formazione professionale, tutti i paesi industrializzati devono confrontarsi con i problemi dell'inserimento dei giovani nella vita professionale e la copertura del fabbisogno di qualifica nel mondo dell'economia.

La Repubblica federale tedesca viene considerata all'estero uno dei paesi più efficienti sotto questi due punti di vista.

Con questo studio sulla prima formazione professionale in Germania, qui in traduzione tedesca, il centro francese di ricerca CIRAC (Centre d'information et de recherche sur l'Allemagne contemporaine) desidera fornire informazioni fondate su questo tema.

Dopo una breve retrospettiva storica e una descrizione delle infrastrutture istituzionali, René Lasserre, direttore del CIRAC, e Alain Lattard - entrambi esperti in questioni economiche e sociali della Repubblica federale tedesca - analizzano la qualità della formazione professionale, dei costi per le imprese e in parte anche il criterio dell'efficienza.

Malgrado la valutazione positiva di molti aspetti, gli autori richiamano l'attenzione anche su molte problematiche e difficoltà del sistema tedesco, risultanti ad es. da problemi di coordinazione (ad esempio tra le scuole professionali e l'impresa dove si svolge il tirocinio) e cambiamenti nella richiesta di educazione professionale.

Gli autori confermano l'opinione spesso sostenuta in Francia che le aziende dove si svolge l'addestramento professionale apportano un contributo notevole alla prima formazione secondo l'efficace modello tedesco. Al contempo, sottolineano però anche il fatto che le esigenze future non possono essere soddisfatte senza l'impiego di sforzi innovativi.

Inhaltsverzeichnis

Verzeichnis der Tabellen und Abbildungen

Einleitung

Die vorliegende Untersuchung soll einen Überblick über das System der beruflichen Erstausbildung in der Bundesrepublik geben. Sie dient nicht dazu, eine vollständige und detaillierte Beschreibung vorzulegen, sondern zunächst zu analysieren, auf welche Weise das zentrale Prinzip der alternierenden Ausbildung, das heißt das Zusammenwirken der Lernorte Schule und Betrieb - also das in der Bundesrepublik als "duales System" bezeichnete Ausbildungsmodell - entstanden ist und wie es sich konkret im Aufbau und in der Funktionsweise des Bildungswesens darstellt.

Im zweiten Schritt der Untersuchung wird die Leistungsfähigkeit des dualen Systems im Hinblick auf drei Kriterien von wesentlicher Bedeutung geprüft: die Ausbildungsqualität, Kosten und ökonomische Rentabilität sowie die "soziale" Effizienz unter dem Aspekt der den deutschen Jugendlichen gebotenen Perspektiven der beruflichen Eingliederung.

Im letzten Teil der Untersuchung, der sich mit der Bewertung und dem Aufzeigen von Zukunftsperspektiven befaßt, wird versucht, eine Gesamteinschätzung des dualen Systems vorzunehmen, die nicht nur seine Vorteile, sondern auch die Schwachstellen verdeutlicht. Dabei werden insbesondere die Attraktivität dieses bisher dominierenden Ausbildungsweges und die Entwicklungsperspektiven des "Modells" beleuchtet. Überholt ist das duale System noch lange nicht, wie manchmal etwas voreilig behauptet wird. Es ist jedoch mit dem Ansteigen des Niveaus der Allgemeinbildung konfrontiert, einer Entwicklung, von der alle Industrienationen betroffen sind.

In ihrer Bewertung will die vorliegende Untersuchung die Leistungsfähigkeit des deutschen Berufsbildungssystems nicht mit der des französischen oder anderer Systeme des Auslands vergleichen. Ganz abgesehen von den Schwierigkeiten eines solchen Vorhabens, das eine sorgsam abgewogene Einbeziehung spezifischer Rahmenbedingungen erfordert (z. B. demographische Daten, die bei der beruflichen Eingliederung der Jugendlichen von Bedeutung sind), würde es weit über den Rahmen der vorliegenden Untersuchung hinausgehen. Unser Ziel war es vielmehr, die Spezifika des dualen Systems herauszustellen und dessen innere Logik und Dynamik zu erläutern. Aspekte, die für die gegenwärtige Reflexion in Frankreich von Belang sein können, wurden nur exemplarisch aufgezeigt und sofern sie das zentrale Prinzip der alternierenden Ausbildung betreffen.

Die Analyse befaßt sich im wesentlichen mit dem Berufsbildungswesen der westdeutschen Bundesländer und bezieht die Problematik, die mit dessen schrittweiser Einführung in den neuen Bundesländern zusammenhängt, nicht mit ein. Trotz zahlreicher Schwierigkeiten, insbesondere eines stark rückgängigen Angebots an Ausbildungsplätzen in den ostdeutschen Betrieben, wird die Gesamtstruktur des Systems, wie sie sich im ehemaligen Bundesgebiet darstellt, dadurch nicht erschüttert. Die stärker an traditionellen Mustern orientierte Bildungsnachfrage in den neuen

Ländern, in denen sich ein höherer Anteil der Jugendlichen für das duale System entscheidet, kann sogar zeitweilig die Rekrutierungsprobleme verringern.

Unsere Untersuchung stützt sich nicht allein auf die Auswertung von Daten, Expertisen sowie einschlägigen Buchveröffentlichungen und Artikeln der jüngsten Zeit, sondern auch auf eine Erhebungsaktion. Im Rahmen dieser Befragung konnten wir Gespräche mit verschiedenen Verantwortlichen auf institutioneller Seite und deutschen Berufsbildungsfachleuten führen. Im wesentlichen stützen wir uns jedoch auf eine Erhebung, die vor Ort bei Ausbildungsabteilungen und im Ausbildungsbereich Verantwortlichen in einem Dutzend deutscher Unternehmen unterschiedlicher Größe und Branchenzugehörigkeit durchgeführt wurde: Bayer AG Leverkusen, Dr. Paul Lohmann GmbH Emmerthal (Chemie), Robert Bosch GmbH Stuttgart, Siemens Berlin (Elektrotechnik), Volkswagenwerk Wolfsburg, Fleischhauer Köln (Autohaus und Kfz-Reparatur), Trumpf GmbH & Co. Ditzingen (Maschinenbau), Sennheiser Electronic KG Wedemark (Tonübertragungs- und Schallmeßgeräte), Phywe Systeme GmbH Göttingen (Laborgeräte und -bedarf), Deutsche Bank AG Frankfurt, Deutsche Krankenversicherung AG Köln und Gerling-Konzern Köln. Diese Erhebung wurde durch den Besuch einer Berufsschule (Berufsschulzentrum Leonberg) und eines überbetrieblichen Ausbildungszentrums (Gemeinschaftsbildungsstätte Ruith-Plochingen) in Baden-Württemberg ergänzt.

Unser herzlicher Dank gilt allen Gesprächspartnern für ihr freundliches Entgegenkommen und die wertvolle Unterstützung beim Zustandekommen dieser Untersuchung.

René Lasserre, Alain Lattard

I

Die Entstehung des dualen Systems: Ein System mit weit zurück-
reichender Tradition und später Konsolidierung

Nur selten begründet sich der Erfolg eines Exportprodukts nicht auf der Erobe-
rung des heimischen Marktes. So unterstellt man automatisch, das duale System, ein
Wettbewerbsfaktor, um den die Bundesrepublik von ihren Konkurrenten beneidet
wird, sei im Land seiner Entstehung ganz selbstverständlich akzeptiert worden. Doch
schon ein kurzes Rekapitulieren der historischen Entwicklung genügt, um diese ver-
einfachende Annahme zu relativieren. Die Wurzeln des dualen System reichen tatsächlich weit zurück, doch folgte die Entwicklung komplexen und manchmal paradoxen Wegen. Auch vollzog sich der Aufbau des Modells langsam; schwierige konjunkturelle Situationen haben es schweren Krisen ausgesetzt. Das Prinzip der alternierenden Berufsbildung hat jedoch all diese Schwierigkeiten überstanden und eine
große Anpassungsfähigkeit bewiesen.

Ein Jahrhundert kontinuierlicher Entwicklung auf komplexen Wegen

In der langen Entstehungsgeschichte des deutschen Modells der Berufsbildung,
die Ende des 19. Jahrhunderts begann, lassen sich drei kontinuierliche Entwicklungslinien unterscheiden.[1]

Ausgangspunkt ist die um die Jahrhundertwende von den drei konservativen Re-
gierungen des Kaiserreichs betriebene Politik im Kontext einer wirtschaftlichen Krise
und des Aufkommens der Sozialdemokratie. Um sich die Unterstützung der Mittel-
schicht zu sichern, novellierten diese die Gesetzgebung, nach der allgemeine Gewer-
befreiheit galt (Gewerbeordnung von 1869 für den Norddeutschen Bund, ab 1871
für das gesamte Reich) und die Lehrlingsausbildung praktisch kaum noch Regle-
mentierungen unterlag: Jeder Betriebsinhaber, der im Besitz der Bürgerrechte war,
konnte Lehrlinge einstellen, und die Ausbildung der Lehrlinge wurde kaum noch
überwacht. Auch gab es keine Abschlußprüfungen mehr. Durch schrittweise Veränderungen der Gewerbeordnung zwischen 1881 und 1908 wurden einerseits die
Standesorganisationen des Handwerks (Innungen) wieder eingesetzt und an-

---

[1] Zu diesen Aspekten vgl. u.a. Marhild von Behr, Die Entstehung der industriellen Lehrwerkstatt. Frankfurt/M.
1981; Roland Ebert, Die Entstehung der Kategorie Facharbeiter als Problem der Erziehungswissenschaft. Bie-
lefeld 1984; Karl-Jürgen Rinneberg, Das betriebliche Ausbildungssystem in der Zeit der industriellen Umgestaltung Deutschlands. Köln/Wien 1985; Karlwilhelm Stratmann / Manfred Schlösser, Das duale System der
Berufsbildung, Eine historische Analyse seiner Reformdebatten. Frankfurt/M. 1990; Wolf-Dietrich Greinert,
Sozialgeschichte der Berufserziehung, Die historische Entwicklung des dualen Systems der Berufsausbildung
in Deutschland, erscheint demnächst.

schließend die Handwerkskammern. Der ihnen gewährte Status einer "Körperschaft des öffentlichen Rechts" begründet die seither ungebrochene Trägerschaft der betrieblichen Berufsausbildung durch Organisationen der Wirtschaft in Selbstverwaltung. Zum anderen durften von nun an nur noch Handwerksmeister Lehrlinge ausbilden.

Solche Maßnahmen waren geeignet, das Handwerk in dreifacher Hinsicht zufriedenzustellen: ideologisch, gesellschaftlich und ökonomisch. Sie trugen zur Wiederherstellung einer berufsständischen Tradition bei, die sich durch die Verbreitung der industriellen Massenproduktion bedroht fühlte, stärkten das Handwerk in seiner Position als erzieherische Kraft für eine Jugend, welche durch die Industrie entwurzelt und der "Verseuchung durch den Sozialismus" preisgegeben war, und schienen gleichzeitig die wirtschaftliche Situation des Sektors zu stabilisieren, indem den Meistern ein Privileg gewährt wurde, wenn sie auch nicht das alleinige Recht zur Gründung eines Betriebs innehatten.

Diese Institutionalisierung der betrieblichen Berufsbildung steht zwar am Ursprung des dualen Systems, verdeutlicht aber auch, daß es sein Entstehen einer paradoxen Ausgangslage verdankt, nämlich der Privilegierung der handwerklichen Tradition in einer Situation, in der die industrielle Entwicklung des Landes voll in Schwung kam. Doch ist die Situation weniger widersprüchlich, als es zunächst scheint. Das Handwerk war ja (und blieb noch lange) das wichtigste Reservoir, aus dem die Industrie Arbeitskräfte beziehen konnte. Außerdem wurden durch eine solche Entwicklung Initiativen der Industrie nicht unterbunden.

Beim Gros der Arbeitsplätze, das infolge der Mechanisierung und der Arbeitsteilung allmählich herabqualifiziert wurde, praktizierte die Industrie nur eine kurze Ausbildung vor Ort. Bei den verbleibenden qualifizierten Arbeitsplätzen waren Kenntnisse und Fertigkeiten erforderlich, die die aus der Handwerkslehre hervorgegangenen Arbeiter nur unzureichend besaßen. Diese waren durch ein mit der Massenproduktion schwer zu vereinbarendes Berufsethos geprägt; zudem erwiesen sich ihre technischen Kenntnisse als zu traditionsverhaftet, wenn nicht sogar eindeutig ungenügend, falls der Handwerksmeister mehr darauf bedacht war, billige Arbeitskräfte einzustellen, als die geringe Zahl von Lehrlingen gut auszubilden, die er nachher weiterbeschäftigen wollte (*Lehrlingszüchterei*). Deshalb errichteten einige Großbetriebe in den Spitzenbranchen seit den 90er Jahren des Jahrhunderts die ersten Lehrwerkstätten.

Auch wenn die industrielle Lehrlingsausbildung zu jener Zeit quantitativ noch unbedeutend war, kann man in dieser Initiative die zweite Wurzel des dualen Systems erkennen, sofern man darin nicht sogar seine eigentliche Grundlegung sieht, denn von den beiden beschriebenen Entwicklungslinien war diese letztgenannte die zukunftsträchtigere. Tatsächlich bekundete die Industrie hierin schon früh ihren Willen, sich bei der Lösung eines stets aktuellen Problems zu beteiligen, der bestmöglichen Anpassung der Qualifikation an den Bedarf, wie er sich aus der jeweiligen Arbeitsorganisation und den Erfordernissen der technischen Entwicklung ergibt. Festzuhalten bleibt, daß das charakteristischste Merkmal des dualen Systems, dessen Verwurzelung im Betrieb, aus einer eigentümlichen Vermischung von Konservatismus und modernem Gedankengut resultiert.

Der zweite Pfeiler des dualen Systems, die Berufsschule in Teilzeitform, entstand zur gleichen Zeit, als die schon seit Ende des 18. Jahrhunderts bestehenden Fortbildungsschulen, die ursprünglich den jungen Arbeitern eine Ergänzung ihrer Primarschulbildung bieten sollten, zahlreicher wurden und zunehmend berufliche Inhalte integrierten. Zu diesen beiden institutionellen Entwicklungen, auf denen das duale System begründet ist, kommt eine dritte, kontinuierlich verlaufende und dessen Legitimation bestärkende Entwicklungslinie hinzu, die Haltung der Gewerkschaften, die von Zustimmung und Kritik gleichermaßen geprägt war. Sie waren der Überzeugung, die Lehrlingsausbildung nicht allein den Arbeitgebern überlassen zu können, was sie veranlaßte, seit den 20er Jahren ein Gesetz zur staatlichen Überwachung der Berufsbildung und zur Beteiligung ihrer Vertreter an den entsprechenden Kontrollorganen zu fordern. Die Einlösung dieser Forderung im Jahre 1969 (!) trug zur Stabilisierung des Systems bei.

Doch andererseits haben die Arbeitnehmerorganisationen die betriebsgebundene Lehre an sich nie verworfen, auch wenn ihre Forderungen lange ignoriert wurden. Dies erklärt sich primär daraus, daß ihnen die staatliche Schule angesichts des Föderalismus und der politischen Entwicklung in Vergangenheit und Gegenwart - im Gegensatz zu Frankreich - nicht als eine Alternative erschien, die Einheitlichkeit und fortschrittliches Denken versprach. Hinzu kommt, daß sie aufgrund ihres vorrangigen Interesses an einer in der Praxis verankerten Ausbildung die Vorteile des Betriebes als dominierendem Ausbildungsort zu schätzen wissen.

Eine späte und äußerst schwierige Stabilisierung

Die uns heute bekannte Dualität existiert also bereits seit fast einhundert Jahren, doch das System konsolidierte sich nur langsam und nicht ohne substantielle Veränderungen zu durchlaufen.

Ein wesentliches Element sind die Bemühungen der Industrie, das Modell durch Systematisierung und Standardisierung ihren Bedürfnissen anzupassen. Seit den 20er Jahren wurden Berufsbilder entwickelt. Doch erst von der zweiten Hälfte der 30er Jahre an, also unter dem Dritten Reich, wurden sie allgemein eingeführt und mittels des Rechts, spezielle industrielle Prüfungen vor den Industrie- und Handelskammern durchzuführen, sanktioniert.

Der schulische Unterricht wurde unter der Weimarer Republik organisatorisch gestärkt (seit den 20er Jahren wird der Begriff *Berufsschule* gebraucht). Infolge des Bildungsföderalismus verlief dessen Weiterentwicklung jedoch sehr unregelmäßig. Schon bald wurde sie durch die schwierige Lage der Staatsfinanzen und die Wirtschaftskrise gebremst. Hieraus bezog die Industrie ein Argument zur Verteidigung ihres Prinzips eines schulischen Unterrichts in alleiniger Regie des Betriebs (*Werk-schule*). Nach vielfachen Anstrengungen in dieser Richtung kapitulierte auch die Industrie schließlich vor den Zwängen der Krisensituation, in erster Linie jedoch angesichts der Zielvorstellungen des Hitler-Regimes, das aus offenkundigen ideologischen Beweggründen diesen neuen Zweig des Schulwesens zwecks besserer Kontrollmöglichkeiten stärkte und zentralisierte. Wiederum gaben also weitgehend historische Zufälle den Ausschlag dafür, daß sich die Dualität der Lernorte Schule und Betrieb - die traditionelle Formel des Handwerks - letztendlich im industriellen Bereich durchsetzen konnte. So wiederholte sich mit einem zeitlichen Intervall von 50 Jahren, vom Wilhelminischen Kaiserreich bis zur Epoche des Nationalsozialismus, die paradoxe Konstellation einer entscheidenden Modernisierung, die auf den Beschlüssen eines sozialpolitisch reaktionären Regimes beruhte.

Das duale System der Bundesrepublik in seiner heutigen Form steht erst seit knapp 20 Jahren auf einer formalisierten juristischen Grundlage. Zuvor basierten die Ausbildungsmechanismen auf Normen uneinheitlicher und teils widersprüchlicher Natur, da sie den verschiedenen Vorschriften zur Reglementierung der wirtschaftlichen Aktivität der Unternehmen, der Gewerbeordnung, dem Handelsgesetzbuch und der Handwerksordnung entstammten.

Die lange Zeitspanne bis zur Verabschiedung eines spezifischen Gesetzestextes erklärt sich aus dem tiefgreifenden Interessenkonflikt, der die Erarbeitung einer kohärenten Gesetzgebung, die Ende der 50er Jahre in Angriff genommen worden war, behinderte: Die Gewerkschaften und die sozialdemokratische Partei wollten sich nicht mit einer Vereinheitlichung begnügen, sie wollten das Recht auch verändern, insbesondere durch die Einführung der Mitbestimmung und der staatlichen Kontrolle über die Qualität der Ausbilder und der Ausbildung. Die Arbeitgeber, die die alleinige Verantwortlichkeit für ihre Aufsichts- und Verwaltungsorgane (Industrie- und Handelskammern, Handwerkskammern) im Bereich der Berufsbildung bewahren wollten, widersetzten sich der Einrichtung einer "zentralistischen und bürokratischen Organisation"[2] und hatten dabei die Unterstützung des rechten Flügels der FDP und der Christlich-Demokratischen Union.

Das schließlich 1969 unter der Großen Koalition (CDU/SPD) verabschiedete Gesetz stellt lediglich den kleinsten gemeinsamen Nenner zwischen diesen stark gegensätzlichen Positionen dar. Im wesentlichen beinhaltet der Gesetzestext eine Zusammenführung und Harmonisierung der zuvor bereits bestehenden Normen, womit eher der Arbeitgeberseite Rechnung getragen wurde. Doch wurden auch einige neue Elemente eingeführt, deren Kernpunkt eine Vereinheitlichung und Ausgestaltung nach den Grundsätzen der Mitbestimmung bildete und so der gewerkschaftlichen Linie entsprach. Es geht dabei um die Schaffung von *Berufsbildungsausschüssen*, in denen die Arbeitnehmerorganisationen auf Bundes-, Regional- und Kammerebene vertreten sind.

---

[2] Dies ist das Hauptargument, das sich z.B. in der Schrift "Gemeinsame Erklärung der deutschen Wirtschaft" findet, abgedruckt in: Günter Pätzold (Hrsg.), Quellen und Dokumente zur Geschichte des Berufsbildungsgesetzes 1875 - 1981. Wien 1982.

Im Rückblick mit zwei Jahrzehnten zeitlichem Abstand läßt sich feststellen, daß diese Innovationen schließlich zur Stabilisierung des Systems beigetragen haben, unmittelbar aber die Gemüter nicht besänftigen konnten. Dies wird verständlich, wenn man sich in Erinnerung ruft, daß die Diskussion um das neue Berufsbildungsgesetz von der Mitte der 60er Jahre ab im Kontext einer umfassenderen Debatte um eine globale Reform des Bildungswesens stand. Um die Spannweite der Standpunkte anzudeuten, braucht man nur zwei prägnante Formulierungen anzuführen, die des Soziologen Georg Picht, der den mangelhaften Bildungsstand der Abiturienten als "Bildungskatastrophe" brandmarkte, die den wirtschaftlichen Niedergang der Bundesrepublik nach sich zu ziehen drohe, und die Äußerung seines Kollegen Ralf Dahrendorf, der die Allgemeinbildung als "Bürgerrecht"[3] einstufte.

Dann leitete der Regierungsantritt der Kleinen Koalition (SPD/FDP) unter Willy Brandt wenige Monate nach der Verabschiedung des Gesetzes eine beispiellose bildungspolitische Reformphase ein. Zweimal wurden die mühsam errungenen Kompromißlösungen des Gesetzes von 1969 nun in Frage gestellt.

Im Rahmen einer Reformserie, die an der Spitze des Bildungswesens die Öffnung und den Ausbau der Universitäten anstrebte und an dessen Basis, im Kampf gegen die soziale Selektion, die Schaffung einer einheitlichen Sekundarstufe (*Gesamtschule*), wollte die Regierung die Position der Berufsbildung neu bestimmen. Das ehrgeizigste der von den Mehrheitsfraktionen propagierten Projekte zielte auf eine Integration der Lehrlingsausbildung in den Sekundarbereich II des allgemeinbildenden Schulwesens. Damit sollte insbesondere der Pädagogik und den nicht strikt berufsorientierten Inhalten ein breiterer Raum geschaffen werden. Ferner sollten so die Niveauunterschiede zwischen den Branchen oder Betrieben vermindert werden. In dieser Hinsicht waren die Reformer mit den Protestbekundungen der Lehrlinge anfangs der 70er Jahre konfrontiert, die, zwar nur punktuell, aber doch auf spektakuläre Weise, auf die reichlich skrupellose Handlungsweise einiger Ausbilder aufmerksam machten, die ihre Pflichten vernachlässigten oder Mißbrauch betrieben. Doch zu keinem Zeitpunkt wollte man bei den Reformen auf die Ausbildung innerhalb des Produktionsgeschehens verzichten. Man wollte sich nicht von der Praxis abkapseln, und in dieser Haltung manifestiert sich deutlich das Gewicht der historischen Erfahrung.

Doch beinhaltet die Vorstellung der Reformer in diesem Punkt einen grundlegenden Widerspruch, da es schwer ersichtlich ist, wie ein auf einem privatrechtlichen Vertrag zwischen Auszubildendem und Betrieb - also auf einer freiwilligen Leistung der Wirtschaft - basierendes System mit einer zunehmenden Verschulung der Ausbildung, d.h. einer stärkeren Einflußnahme des Staates, vereinbart werden könnte. Diese offensichtlichen Gründe führten 1976, ungeachtet einiger Konzessionen an die Wirtschaft, zum Scheitern des entsprechenden Gesetzentwurfs in der zweiten Kammer (*Bundesrat*), in der die Christdemokraten die Mehrheit besaßen.

---

[3] Vgl. Georg Picht, Die deutsche Bildungskatastrophe. Freiburg, 1964; Ralf Dahrendorf, Bildung ist Bürgerrecht, Plädoyer für eine aktive Bildungspolitik. Hamburg 1965.

Das Berufsbildungsgesetz von 1969 (BBiG)

Das Berufsbildungsgesetz vom 14. August 1969 nimmt in der dualen Berufsbildung eine zentrale Stellung ein. Mit diesem Gesetz wurde ein kohärenter Rechtsrahmen geschaffen, der jedoch aufgrund des Bildungsföderalismus pluralistisch bleiben mußte. Die Berufsschulen unterliegen der ausschließlichen Gesetzgebung der Länder, während die betriebliche Ausbildung, welche durch das Wirtschafts- und das Arbeitsrecht geregelt ist, durch Bundesgesetz reglementiert werden kann. Vom letztgenannten Bereich ausgehend hat das Gesetz von 1969 eine signifikante Vereinheitlichung des Systems herbeigeführt.

Die Veränderungen betreffen zum einen das institutionelle System zur Regelung der Lehrlingsausbildung. Die Selbstverwaltungsorgane der Wirtschaft (Handelskammern, Handwerkskammern, Landwirtschaftskammern etc., je nach Sektor) sind weiterhin mit der Aufsicht über die Betriebe beauftragt. Doch diese ihnen als Körperschaften des öffentlichen Rechts zukommende Aufsichtsfunktion ist nun nach strikteren und im gesamten Bundesgebiet gleichartigen Vorschriften wahrzunehmen. Weiterhin wird festgelegt, daß Jugendliche unter 18 Jahren nur in *anerkannten Ausbildungsberufen* ausgebildet werden dürfen, d.h. in Berufen, die durch vom Bundesminister für Bildung und Wissenschaft und dem zuständigen Fachminister (Wirtschaftsminister, Landwirtschaftsminister, je nach Fachrichtung) gemeinsam verkündeten Erlaß reglementiert worden sind. Darin werden die Bezeichnung des Ausbildungsberufs, die Ausbildungsdauer, Inhalt und Ablauf der Ausbildung sowie die Modalitäten der Abschlußprüfung präzisiert. Zum anderen intervenierte der Gesetzgeber in der privatrechtlichen Sphäre des Lehrvertrags, der künftig standardisiert ist. Schließlich wurden durch das BBiG *Berufsbildungsausschüsse* eingerichtet, die paritätisch mit Vertretern der Arbeitgeber, der Gewerkschaften und der Berufsschullehrer besetzt sind (letztere nehmen aber nicht an den Abstimmungen teil). Diese Ausschüsse, in denen alle Fragen der Berufsbildung debattiert und Beschlüsse zu deren Durchführung gefaßt werden, insbesondere die Prüfungsvorschriften, sind bei den Kammern eingerichtet. Auch bei den Landesregierungen bestehen solche Ausschüsse (*Landesausschüsse*); sie beraten diese und überwachen vor allem die Abstimmung zwischen Berufsschule und betrieblicher Ausbildung.

Für die duale Berufsbildung von Bedeutung sind daneben bestimmte Vorschriften der Handwerksordung und des Gesetzes über die Industrie- und Handelskammern sowie, wenn auch von geringerem Belang, das Arbeitsförderungsgesetz, das Jugendarbeitsschutzgesetz und das Betriebsverfassungsgesetz. Sofern diese Gesetze älteren Datums als das Gesetzeswerk vom 14. August 1969 waren, wurden ihre Bestimmungen durch das BBiG harmonisiert.

Trotz dieses Mißerfolgs wagte die Regierung einen zweiten Reformversuch. Zur ersten Debatte um das Wesen der Berufsbildung kam kurz darauf eine weitere, bei der es um die Zahl der verfügbaren Ausbildungsplätze ging. Von 1973 an wurden verschiedene Wege der staatlichen Finanzierung diskutiert, die dem Mangel an Ausbildungsplätzen, der im Zuge der Wirtschaftskrise alarmierende Ausmaße angenommen hatte, abhelfen sollten. Mit der Verabschiedung eines schon im Herbst desselben Jahres eingebrachten speziellen Gesetzentwurfs (*Ausbildungsplatzförderungsgesetz*) durch das Parlament versuchte die Bundesregierung eine bereits im vorgenannten Entwurf von 1976 enthaltene (gemäßigte) Formel zu retten. Danach wären die Betriebe für die Finanzierung ihrer Ausbildungsprogramme alleine verantwortlich geblieben; der Staat hätte im Sinne einer ergänzenden Finanzierung nur dann interveniert, wenn das Gesamtangebot an Ausbildungsplätzen die Nachfrage um weniger als 12,5 % überschritten hätte.[4] In einer solchen Situation wären Subventionen entsprechend den Ausbildungsanstrengungen gewährt worden; es hätte also eine Umverteilung des Aufkommens aus einer von allen Unternehmen erhobenen Steuer stattgefunden, die jedoch 0,25 % der Lohnsumme des einzelnen Betriebes nicht überschritten hätte und den kleinsten Betrieben erlassen worden wäre.

Der Regierung war jedoch mit diesem Plan nicht mehr Erfolg beschieden als mit dem vorhergehenden. Angesichts des Widerstands der Industrie zögerte sie zunächst mit dessen Umsetzung in der Praxis. Noch bevor sie sich dann endgültig zu diesem Schritt entschlossen hatte, wurde das Gesetz im Dezember 1980 vom Bundesverfassungsgericht für ungültig erklärt. Allerdings bezog sich die Verfassungswidrigkeit auf den Verabschiedungsgang des Gesetzes, der hinsichtlich der vorgesehenen Verwaltungsvorschriften zur Finanzierung strittig war: Der Entwurf war dem Bundesrat nicht unterbreitet worden, obwohl er in den Kompetenzbereich der Länder eingriff.[5] Verworfen wurde folglich nicht das Prinzip finanzieller Anreize zur Schaffung von Ausbildungsplätzen an sich; so ist es auch nicht ausgeschlossen, daß eine Regierung noch einmal darauf Rückgriff nehmen will.

Heute scheinen die Debatten der 70er Jahre schon ziemlich in Vergessenheit geraten zu sein. Die konservative Mehrheit, die seit 1982 die Regierung stellt, will offensichtlich die Selbstverwaltung der Lehrlingsausbildung durch die Wirtschaft nicht in Frage stellen, und auch die SPD ihrerseits hat ihre liberale Revolution durchlebt. Die Gesamtschule hat ihren Reiz eingebüßt; die Gewerkschaften und die Sozialdemokraten haben die Vorzüge eines auf den Betrieb konzentrierten Ausbildungsmodells neu entdeckt.

Außerdem hat die Realisierung der Mitbestimmung die Legitimation des durch das Gesetz von 1969 geschaffenen Systems auf zweifache Weise bekräftigt: Anzuführen sind zum einen die das Verfahren zur Erstellung von Ausbildungsordnungen betreffenden Mitbestimmungsklauseln des Gesetzes selbst, die, wie wir noch sehen werden, die Neuordnung einer Vielzahl von Berufsprofilen ermöglichten, zur Zufriedenheit von Arbeitgebern und Gewerkschaften gleichermaßen. Zum anderen sind die Mitbestimmungsrechte des *Betriebsrates* zu nennen, die dank der gesetzlichen Veränderungen von 1972 (Novellierung des *Betriebsverfassungsgesetzes*) auf den Bereich der Lehrlingsausbildung ausgeweitet wurden.

Der Mangel an Ausbildungsplätzen, auf den wir noch zurückkommen werden, war in den Jahren nach der zweiten Ölkrise gravierend, obwohl die Wirtschaft große Anstrengungen zur Erweiterung ihrer Ausbildungskapazität unternahm. Es war übrigens auf diese konjunkturelle Lage zurückzuführen, daß die Reformdebatten mit dem Regierungswechsel abrupt gestoppt wurden, noch bevor der ideologische Wandel in der Einstellung zur Schule sich vollständig vollzogen hatte. Seither jedoch wur-

---

[4] Es wird davon ausgegangen, daß die Lehrstellenbewerber ohne einen derartigen global ermittelten Angebotsüberschuß nicht in jeder Branche genügend Wahlmöglichkeiten hätten.
[5] Vgl. zu diesen Ereignissen Stratmann / Schlösser, a.a.O., und Pätzold, a.a.O.

de das Defizit mehr als ausgeglichen. Die Entwicklung geht sogar so weit, daß sich - wie wir im Schlußkapitel noch erläutern werden - ein Mangel an Bewerbern für ein Lehrverhältnis und folglich ein drohendes Defizit qualifizierter Arbeitskräfte abzeichnet.

II

Die betriebliche Lehre: Kernstück
eines differenzierten Berufsbildungswesens

Vor der Analyse ihrer inneren Logik und ihrer Resultate sollte die Position der dualen Berufsbildung nicht nur in der historischen Perspektive, sondern auch in ihrem Umfeld aufgezeigt werden. So wie die betriebsgebundene Ausbildung selbst eine Synthese gegensätzlicher Traditionen und Denkmodelle ist, hat sie ihren Platz wiederum in einem differenzierten System der beruflichen Erstausbildung. Sie nimmt dort unbestreitbar eine dominierende Position ein, doch bestehen neben ihr auch rein schulische Ausbildungsgänge, wodurch das Berufsbildungswesen insgesamt an Flexibilität gewinnt.

Die Vorherrschaft des dualen Systems

Die große Bedeutung des dualen Systems läßt sich mit wenigen Zahlen veranschaulichen: Am 31. Dezember 1991 standen insgesamt 1.476.000 Jugendliche in Ausbildung (davon waren über 545.000 im Verlauf des Jahres neu in die Lehre eingetreten).[1] Allgemeiner ausgedrückt absolvieren ca. 70 % der Jugendlichen derzeit eine Ausbildung im dualen System, wenn man alle Auszubildenden berücksichtigt, d.h. diejenigen, die unmittelbar nach Abschluß der allgemeinbildenden Schule beginnen, und die Jugendlichen, die zuvor noch eine schulische Berufsbildung in Vollzeit- oder anderer Form durchlaufen.[2]

Solche Größenordnungen wären offensichtlich undenkbar, hätte der Begriff Lehrlingsausbildung nach deutschem Verständnis nicht eine ganz andere Dimension als in Frankreich. Der Mehrzahl der besetzten Ausbildungsplätze findet sich in Industrie und Handel (zwischen 46 und 52 % innerhalb der vergangenen zwei Jahrzehnte, 51,2 % im Jahre 1990); das Handwerk verzeichnet ebenfalls hohe Anteile (zwischen 34 und 40 % im selben Zeitraum, 33,0 % im Jahre 1990 - vgl. Tabelle 1).

Die 374 anerkannten Ausbildungsberufe[3] verteilen sich jedoch auf alle Wirtschaftsbereiche, also auch auf den Sektor der freien Berufe, den öffentlichen Dienst, die Landwirtschaft, die Hauswirtschaft und die Schiffahrt. Betrachtet man darüber hinaus das breite Spektrum der besetzten Ausbildungsberufe, so stößt man auf ein

---

[1] Hier sei daran erinnert, daß die Dauer des Lehrverhältnisses im Durchschnitt 3 1/2 Jahre beträgt.

[2] Diese Zahlenangaben wurden entnommen aus: Der Bundesminister für Bildung und Wissenschaft, Berufsbildungsbericht 1992. Bad Honnef 1992 und Schlußbericht der Enquête-Kommission "Zukünftige Bildungspolitik - Bildung 2000", berufliche Erstausbildung, Minderheitsvotum, Deutscher Bundestag, Drucksache 11/7820, S. 64.

[3] Berufsbildungsbericht 1992, a.a.O., S. 91.

Gesamtzahl der Auszubildenden in den alten Bundesländern
1975 - 1990

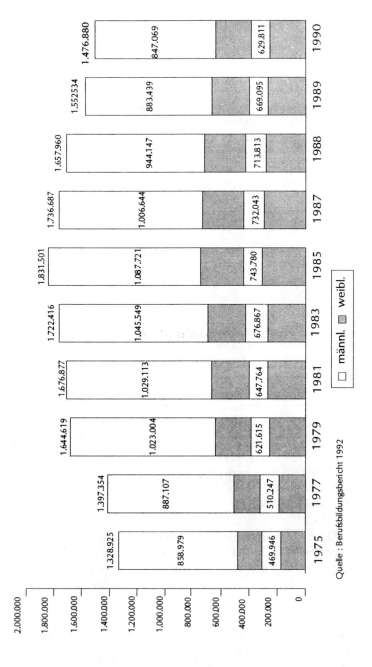

differenziertes Berufswahlverhalten[4] (vgl. Tabelle 2). Insgesamt bilden 513.000 Betriebe im Rahmen des dualen Systems aus (einschließlich der Bereiche Dienstleistungen und freie Berufe), also eines von fünf Unternehmen, womit die durchschnittliche *Ausbildungsquote* (Anteil der Auszubildenden an der Beschäftigtenzahl insgesamt) bei 6,5 % liegt.[5]

Tabelle 1
Auszubildende nach Ausbildungsbereichen in den alten Bundesländern 1973 - 1990

Jahr	Auszubildende							
	Insgesamt	davon						
		Industrie und Handel	Handwerk	Land-wirtsch.	Öffentl. Dienst	Freie Berufe	Haus-wirtsch.	See-schiffahrt
	in Tds.	%	%	%	%	%	%	%
1973	1330,8	52,5	34,9	1,9	3,7	6,7	0,5	0,1
1975	1328,9	47,7	38,0	2,5	3,5	7,8	0,6	0,1
1977	1397,4	46,1	39,8	2,9	3,2	7,4	0,5	0,1
1979	1644,6	45,5	41,1	2,8	3,3	6,7	0,5	0,1
1981	1676,9	46,0	40,2	2,8	3,2	7,4	0,4	0,1
1983	1722,4	46,0	39,2	3,0	3,7	7,6	0,5	0,1
1985	1831,5	47,8	37,5	2,9	4,0	7,2	0,6	0,1
1987	1738,7	49,8	35,5	2,6	4,1	7,2	0,6	0,1
1988	1658,0	49,9	34,9	2,3	4,1	8,1	0,7	0,1
1989	1552,5	50,4	34,3	2,2	4,0	8,3	0,7	0,1
1990	1476,9	51,2	33,0	2,0	4,3	8,8	0,7	0,1

Quelle: Berufsbildungsbericht 1992

In der Tendenz scheint die Vorherrschaft des dualen Systems stabil zu sein: So bewegte sich zwischen 1960 und 1980 der Anteil der Auszubildenden an der Wohnbevölkerung im Alter von 15 bis 19 Jahren stets zwischen 30 und 40 %[6]. Was für den Zustrom zur dualen Ausbildung gilt, trifft offenbar auch auf die Bestandsdaten zu: So erstaunt es nicht, daß im Jahre 1989 die im dualen System Qualifizierten über 50 % der Erwerbstätigen ausmachten.

Natürlich verbergen sich hinter dieser Stabilität komplexe Entwicklungen, auf die wir noch zurückkommen werden. Die Herkunft der Populationen hat sich gewandelt, besonders als Folge struktureller Einflüsse. Zwar ist in den letzten Jahren ein Einbruch zu konstatieren (vgl. Kapitel VI), verursacht durch sinkende Jahrgangsstärken und

---

[4] Ergänzend sei darauf hingewiesen, daß die Anzahl der anerkannten Ausbildungsberufe im Zuge der Bemühungen um eine Reduzierung der Zahl der Splitterberufe von über 500 auf 374 sank. Vgl. Berufsbildungsbericht 1992, a.a.O., S. 91.

[5] Vgl. hierzu Rudolf Werner, "10 % der Auszubildenden in Großbetrieben". In: Berufsbildung in Wissenschaft und Praxis, 4/1990, S. 35. Die Zahlen basieren auf der Arbeitsstättenzählung im Jahre 1987. Detailliertere Angaben hierzu siehe Kap. IV.

[6] "Bildungsbeteiligung stieg weiter". In: DIW Wochenbericht 45/88, 10/11/88. Detailliertere Angaben hierzu siehe Kap. VII.

Tabelle 2

Die zehn am stärksten besetzten Ausbildungsberufe 1990 für männliche und weibliche Auszubildende im alten Bundesgebiet

Ausbildungsberufe	Ausbildungsbereich	Männliche Auszubildende Anzahl	Anteil an allen männlichen Auszubildenden Prozent	Ausbildungsberufe	Ausbildungsbereich	Weibliche Auszubildende Anzahl	Anteil an allen weiblichen Auszubildenden Prozent
Kraftfahrzeugmechaniker	Hw	63.297	7,5	Friseurin	Hw	46.173	7,3
Elektroinstallateur	Hw	44.480	5,3	Kauffrau im Einzelhandel	IH	44.328	7,0
Kaufmann im Groß- und Außenhandel	IH	27.901	3,3	Bürokauffrau	IH	42.316	6,7
Industriemechaniker Betriebstechnik	IH	27.738	3,3	Arzthelferin	FB	41.925	6,7
Industriemechaniker Maschinen- und Systemtechnik	IH	27.715	3,3	Industriekauffrau	IH	39.157	6,2
Tischler	Hw	27.267	3,2	Zahnarzthelferin	FB	30.666	4,9
Bankkaufmann	IH	25.732	3,0	Fachverkäuferin im Nahrungsmittelhandwerk	Hw	30.187	4,8
Industriekaufmann	IH	24.059	2,8	Bankkauffrau	IH	29.501	4,7
Kaufmann im Einzelhandel	IH	23.905	2,8	Kauffrau im Groß- und Außenhandel	IH	20.616	3,3
Gas und Wasserinstallateur	Hw	22.730	2,7	Verkäuferin	IH	19.992	3,3
Insgesamt		**314.724**	**37,2**	**Insgesamt**		**344.859**	**54,8**

Quelle : Berufsbildungsbericht 1992

Veränderungen in der Bildungslaufbahn. Doch verliert das duale System an Boden gegenüber den weiterführenden und nicht gegenüber den berufsbezogenen Bildungsgängen. Die Dominanz des dualen Systems in der Gesamtheit der beruflichen Ausbildungsgänge ist also nicht in Frage gestellt.

Das duale System unterliegt auch konjunkturellen Schwankungen. Erstaunen dürfte dies nicht; da der Betrieb, wie im vorhergehenden Kapitel dargelegt, eine zentrale Stellung einnimmt, ist es im wesentlichen den Gesetzmäßigkeiten des Marktes unterworfen: Über das Volumen des Ausbildungsplatzangebots entscheiden die Arbeitgeber völlig frei - eine eifersüchtig verteidigte Freiheit - wie die Debatten der 70er Jahre um die Opportunität einer staatlichen Zusatzfinanzierung bewiesen haben.

Makroökonomisch gesehen besteht das größte Risiko bei einem Marktgesetzen unterworfenen Modell folglich in einem ungenügenden Ausbildungsplatzangebot. Die Bundesrepublik geriet nach der ersten Ölkrise für einige Jahre in eine solche Situation. Noch ernster war die Lage von 1982 bis 1986/87, als neben der tiefgreifenden Rezession noch die Integration der geburtenstarken Jahrgänge Schulentlassener zu bewältigen war. Doch kam dem dualen System in dieser schwierigen Situation sein Mischcharakter im Hinblick auf die Regulierungsmechanismen zugute. Es nimmt nämlich eine Mittelstellung zwischen rein nach Marktgesetzen operierenden Systemen (Japan und die USA) und rein schulischen Modellen (Frankreich) ein.[7] Die Zwänge von Angebot und Nachfrage werden durch regulierende staatliche Maßnahmen abgemildert, ob es sich dabei um Regelungen zur Kooperation mit dem Schulsystem oder um die Sanktionierung von Kompromißlösungen handelt, die in den institutionalisierten Verhandlungen mit den Gewerkschaften erzielt wurden. Der Staat kann die Betriebe natürlich nicht zum Einstellen von Auszubildenden zwingen, verfügt aber über einen nicht unbeträchtlichen Handlungsspielraum zur Marktstützung in Krisensituationen.

In der fraglichen Zeit wurden eine ganze Reihe von Initiativen in dieser Richtung unternommen. Im Rahmen ihrer Beschäftigungspolitik baute die Bundesanstalt für Arbeit speziell die Maßnahmen zugunsten Jugendlicher aus[8], während die Bundesregierung Fördermaßnahmen zur Beschäftigung benachteiligter Gruppen (*Benachteiligtenprogramm*) ergriff, welche eine außerbetriebliche Ausbildung oder Stützmaßnahmen im Rahmen der Lehrlingsausbildung[9] einschlossen. Die Länder gewährten den Betrieben Subventionen und erweiterten die Kapazitäten der rein schuli-

---

[7] Vgl. Wolf-Dietrich Greinert, "Marktmodell - Schulmodell - duales System, Grundtypen formalisierter Berufsbildung". In: Die Berufsbildende Schule 3/1988.

[8] Es handelt sich dabei in erster Linie um die sogenannten 'Berufsvorbereitungsmaßnahmen', die ursprünglich für Jugendliche mit Schulschwierigkeiten oder Behinderungen vorgesehen waren, jedoch zunehmend den Mangel an Ausbildungsplätzen auszugleichen halfen; parallel dazu steigerte die Bundesanstalt die Zahl der Arbeitsbeschaffungsmaßnahmen sowie der Qualifizierungs- und Umschulungsmaßnahmen fast um das Dreifache. So befanden sich 1986/87 über 170.000 Jugendliche in derartigen Maßnahmen. Vgl. hierzu Frank Strikker, "Veränderungen der Berufsausbildung unter dem Aspekt mangelnder Integrationsfähigkeit des Arbeitsmarktes. In: Frank Strikker / Dieter Timmermann, Berufsausbildung und Arbeitsmarkt in den 90er Jahren. Frankfurt/M. 1990.

[9] Im Jahre 1986/87 profitierten über 35.000 Jugendliche von solchen Programmen.

schen Ausbildungszweige (*Berufsfachschulen, Berufsgrundbildungsjahr, Berufsvorbereitungsjahr*).[10] Darüber hinaus veranlaßte eine zunehmend heftigere Kritik am dualen System die Arbeitgeber, das Ausbildungsplatzangebot freiwillig zu steigern, wodurch sie die bedrohte Legitimation des Systems festigen wollten.[11]

Schulische Berufsbildungsgänge in Vollzeitform

Neben dem dualen System besteht auch ein Sektor von Berufsbildungsgängen an Vollzeitschulen, dessen Charakteristika teilweise regionale oder sektorale Besonderheiten widerspiegeln. Die entsprechenden Schulen, die den Gattungsbegriff *Berufsfachschulen* tragen, sind staatliche, halbstaatliche oder private Einrichtungen. In den beiden letztgenannten Fällen stehen sie in mehr oder minder enger Verbindung zu den Industrie- und Handelskammern oder den Handwerkskammern. Die Ausbildung kann einen voll berufsqualifizierenden Abschluß in Berufen vermitteln, die entweder auch in dualer Form angeboten werden (geringe Anteile)[12] oder nur schulisch erlernt werden können (wie ein Großteil der Berufe im Gesundheitsbereich und die technischen Assistentenberufe in der Industrie). Es kann aber auch eine berufliche Grundbildung vermittelt werden, die in bestimmten Fällen mit dem Erwerb eines allgemeinbildenden Abschlusses gekoppelt ist. Daran kann sich eine duale Ausbildung oder ein Wiedereintritt in den allgemeinbildenden Sektor anschließen. Die Ausbildungsdauer an den Berufsfachschulen beträgt je nach Aubildungszweig ein bis drei Jahre.

Im Jahre 1990 wurden insgesamt 245.000 Jugendliche an Berufsfachschulen der Bereiche Technik und Handel ausgebildet (darunter 153.000 neu Eingetretene), wovon 20 % eine voll berufsqualifizierende Ausbildung von zwei- oder dreijähriger Dauer absolvierten. Hinzu kommen 90.000 Schüler in Schulen der paramedizinischen Ausbildung.[13] Ohne Einbeziehung dieser letztgenannten Einrichtungen, die ein Ausbildungsmonopol besitzen, beträgt der Anteil der Jugendlichen, die nicht im

---

[10] Nach unserer Kenntnis wurde die Wirkung der zur Schaffung zusätzlicher Ausbildungsplätze eingeführten Subventionen nicht quantifiziert. Zu allen anderen Maßnahmen vgl. Strikker, a.a.O.

[11] Seit dem Wechsel der parlamentarischen Mehrheitsverhältnisse 1982 war es definitiv nicht mehr zu erwarten, daß das duale System noch einmal in Frage gestellt würde. In allen von uns besuchten Großbetrieben (Bayer, Volkswagen, Bosch, Gerling, DKV) haben die Zahlenanalysen Anstrengungen zur Ausbildung "über Bedarf" bestätigt. Diese spontane Initiative, eine Art 'Immunreaktion' des Systems, und die staatlichen Maßnahmen haben die Auswirkungen der Krise gemildert. Der Mangel an Ausbildungsplätzen wurde aber eindeutig nicht völlig behoben. Außerdem dienten die Maßnahmen bei vielen Jugendlichen zur Überbrückung der Wartezeit, öffneten ihnen aber nicht unbedingt den Zugang zu einer beruflichen Ausbildung. Nach den pessimistischsten Schätzungen haben nahezu 150.000 Jugendliche in den zehn Krisenjahren keinen Ausbildungsplatz gefunden. Diese Zahl ist enthalten in: Deutscher Bundestag, Schlußbericht der Enquête-Kommission "Zukünftige Bildungspolitik - Bildung 2000". Bonn, Drucksache 11/7820, 05/09/1990, Minderheitsauffassung, S. 66. Vgl. hierzu auch die vergleichenden Berechnungen in: Karlwilhelm Stratmann / Manfred Schlösser, Das duale System der Berufsbildung, Eine historische Analyse seiner Reformdebatten. Frankfurt/M., 1990, S. 252.

[12] Genannt seien hier z.B. die Schulen der 'Arbeiterelite', die in den kunsthandwerklichen Berufen ausbilden.

[13] Berufsbildungsbericht 1992, a.a.O., S. 43 ff.

dualen System ausgebildet werden, nur 15 %. Das duale System zieht 6 von 7 in Ausbildung Stehenden an sich, ist also der eindeutig dominierende Qualifikationsweg.[14]

Das berufliche Schulwesen der Bundesrepublik

Die ausgeprägte Differenziertheit des beruflichen Schulwesen, das wir hier nicht vollständig darstellen können, resultiert aus der historischen Entwicklung und dem föderativen Aufbau des Systems mit seinen Abschottungen. Eine sich auf die wichtigsten Schularten beschränkende Darstellung kann jedoch, trotz einer unvermeidlichen Schematisierung, die strukturgestaltende Funktion des dualen Systems und die Bedeutung der 'Übergangsmöglichkeiten' gut verdeutlichen. Dank dieser beiden Faktoren bedeutet Vielschichtigkeit nicht Zersplitterung, sondern bringt eine Flexibilität mit sich, die Umorientierungen ermöglicht und weiterführende Bildungswege eröffnet.

Neben der *Berufsschule*, die entsprechend der Dominanz des dualen Systems eine zentrale Stellung einnimmt, bestehen berufliche Schulen, die eine oder mehrere der folgenden Aufgaben erfüllen: Vorbereitung auf die duale Ausbildung (*Berufsgrundbildungsjahr* und bestimmte *Berufsfachschulen*), Ergänzung des Spektrums der im Dualsystem angebotenen Ausbildungsberufe - seltener mit ihm auf seinem eigentlichen Gebiet konkurrierend (*Berufsfachschulen*), Technikerausbildung (*Fachschulen*) sowie nachträglicher Erwerb eines Abschlusses des allgemeinbildenden Schulwesens (*Berufsaufbauschule, Fachoberschule* und bestimmte *Berufsfachschulen*).

Die *Berufsschulen* (1,4 Millionen Schüler, davon ca. 600.000 im ersten Ausbildungsjahr) werden von den Auszubildenden im dualen System besucht, aber wegen der sich bis zum 18. Lebensjahr erstreckenden Schulpflicht auch von Jugendlichen, die unmittelbar nach der allgemeinbildenden Schule ins Erwerbsleben überwechseln. Der Unterricht umfaßt 8 bis 10 Wochenstunden und wird in Teilzeitform organisiert, an 1 oder 2 Tagen pro Woche oder in Form von Blöcken von mehrwöchiger Dauer innerhalb des Jahres (2 bis 6 Wochen). Er erstreckt sich im wesentlichen auf mit der gewählten Fachrichtung korrespondierende theoretische Inhalte (eventuell verbunden mit praktischen Übungen in der Lehrwerkstätte der Berufsschule), bezieht aber auch die Fächer Deutsch, Sozialkunde, Sport und Religion mit ein.

Das *Berufsgrundbildungsjahr* besteht nicht in allen Bundesländern und Berufen. Im Jahre 1990 wurde es von insgesamt 83.000 Jugendlichen absolviert. Als Ersatz des ersten Lehrjahres führt es nicht nur in einen Beruf, sondern in ein gesamtes Berufsfeld ein. Das BGJ kann rein schulisch oder in 'kooperativer' Form absolviert werden, d.h. im Rahmen eines Lehrvertrags. In diesem Fall erstreckt sich der Berufsschulunterricht auf 2 oder sogar 2 1/2 Tage pro Woche.

Die *Berufsfachschulen* (245.000 Schüler im ersten Ausbildungsjahr + 90.000 Schüler in Schulen des Gesundheitssektors, davon 45 bis 50.000 im ersten Jahr) sind berufliche Vollzeitschulen von mindestens einjähriger Schulbesuchsdauer. Sie nehmen Jugendliche mit *Hauptschulabschluß* auf und werden nach ihrer Zielsetzung in drei Gruppen unterteilt. Sie können zu Berufsabschlüssen führen, die nur von ihnen vermittelt werden, oder (seltener) auch im dualen System erreicht werden können. In diesen beiden Fällen erstreckt sich der Schulbesuch auf 3 Jahre. Andernfalls führt ihr Unterricht nicht zu einem berufsqualifizierenden Abschluß

---

[14] Die Berechnung der relativen Anteile der Auszubildenden im dualen System und der Berufsfachschüler basiert auf Stratmann / Schlösser, Das duale System der Berufsbildung, a.a.O.

(was häufiger ist), sondern ermöglicht einen Eintritt ins duale System mit Anrechnung der so erworbenen Grundbildung. Der Schulbesuch erstreckt sich dann auf 1 bis i.d.R. 2 Jahre, wobei bei zweijähriger Dauer oftmals mit dem Abschluß gleichzeitig ein mittlerer Bildungsabschluß (*Fachschulreife,* entspricht der *Mittleren Reife*) erlangt wird. Dies ermöglicht eine Fortsetzung der allgemeinen Schulbildung.

Die *Berufsaufbauschulen* werden von Hauptschulabsolventen besucht, die seit mindestens 6 Monaten in einer Berufsausbildung stehen oder diese schon abgeschlossen haben. Der Unterricht erfolgt in Teil- oder Vollzeitform. Bei Teilzeitschulen (Abendschulen) beträgt die Unterrichtsdauer mehrere Jahre, bei Vollzeitschulen 1 Jahr. Die *Berufsaufbauschulen* sollen zur Vertiefung der Berufsbildung und gleichzeitig zum Erwerb eines mittleren Bildungsabschlusses führen, wobei allerdings der letztgenannten Zielsetzung in der Praxis die weit größere Bedeutung zukommt. Die *Berufsaufbauschulen* haben an Gewicht verloren, insbesondere seit Ende der 60er Jahre die *höheren Fachschulen*, zu denen sie Zugang ermöglichten, in *Fachhochschulen* umgewandelt wurden. Die nun dem Hochschulbereich zugeordneten *Fachhochschulen* setzen einen speziellen Abschluß voraus, die *Fachhochschulreife*.

Dieser Abschluß wird von der *Fachoberschule* vergeben, deren Eingangsvoraussetzung ein mittlerer Bildungsabschluß (*Mittlere Reife*) oder ein gleichwertiges Zertifikat (*Fachschulreife*) ist und die von ca. 80.000 Schülern besucht wird. Der Schulbesuch dauert, abhängig von der beruflichen Vorbildung, bei Vollzeitunterricht mindestens 1 Jahr, bei Teilzeitunterricht bis zu 3 Jahren. Der Unterricht verbindet praktische mit theoretischen Inhalten.

Die *Fachschulen* (115.000 Schüler) sind Schulen der weitergehenden fachlichen Ausbildung, die nach bereits erworbenem Berufsabschluß und mehrjähriger Berufspraxis besucht werden und den Zugang zu Technikerqualifikationen eröffnen. Die Schulbesuchsdauer bewegt sich zwischen 1 Jahr (Vollzeit) und 4 Jahren (Teilzeit). Sie erstrecken sich auf eine Vielzahl von Bereichen technischer Art (insbesondere Meisterqualifikationen - *Industriemeister*) sowie die Gebiete Handel, Pädagogik, Gesundheitswesen etc. Mit dem (staatlich anerkannten) Diplom wird häufig ein Abschluß entsprechend der *Fachhochschulreife* vergeben.

Die *Fachgymnasien* sind berufsbezogene Gymnasien (ca. 20.000 Schüler), für deren Besuch der mittlere Bildungsabschluß (*Mittlere Reife*) vorausgesetzt wird. Nach 3jährigem Schulbesuch in Vollzeitform können sie zu mittleren Qualifikationen im Erwerbsleben führen. Viel häufiger jedoch führen sie zu einem Studium an einer *Fachhochschule*, deren Zulassungsvoraussetzung (*Fachhochschulreife*) sie vermitteln, oder an einer technischen Hochschule.

Zu beobachten ist allerdings ein erheblicher Anstieg des Anteils der Berufsfachschüler seit den 50er Jahren. Damals besuchten nur 7 bis 8 % der Jugendlichen in beruflicher Erstausbildung solche Einrichtungen. Die dann einsetzende Expansion betraf vor allem den Handelsbereich und die weiblichen Jugendlichen. Angesichts der Heterogenität des Berufsfachschulsektors spiegeln diese Zahlen jedoch nur teilweise ein Konkurrenzverhältnis zwischen den beiden Ausbildungswegen wider. So ist der Besuch einer einjährigen Berufsfachschule in Baden-Württemberg bei manchen Berufen Voraussetzung für den Eintritt in eine duale Ausbildung.

Tatsächlich schlagen sich in den Veränderungen der Anteile rein schulischer und dualer Ausbildung eher konjunkturelle Schwankungen als ein struktureller Wandel nieder. Schon Anfang der 70er Jahre lag der relative Anteil der Berufsfachschulen auf dem heutigen Niveau. Anschließend erfolgte ein stetiger Zuwachs, bis sich die Werte in der ersten Hälfte der 80er Jahre bei 17 % einpendelten. Nun setzte eine Bewegung in entgegengesetzter Richtung ein, die die Werte auf das Ausgangsniveau zurückführte. Der Anteil der Berufsfachschulen ist somit umgekehrt proportional zum Saldo aus Ausbildungsangebot und -nachfrage. Dabei bilden allerdings die Berufsfachschulen im Handelssektor eine Ausnahme. Sie waren vom Rückgang nicht betroffen, was beweist, daß sie einen spezifischen Ausbildungsbedarf auf mittlerer Ebene decken. Generell jedoch wenden sich die Jugendlichen verstärkt den Berufsfachschulen zu, sobald das duale System seine Aufnahmekapazitäten reduziert. Die Berufsfachschulen erfüllen eher eine Pufferfunktion, als daß sie in Konkurrenz zur betriebsgebundenen Ausbildung ständen.

Gleiches gilt für einen weiteren Zweig vollzeitschulischer Ausbildung, das *Berufsgrundbildungsjahr* (BGJ). Diskussionen um ein BGJ setzten Ende der 60er Jahre ein; seine Einrichtung begann Anfang der 70er Jahre. Einige Reformer strebten mit der Propagierung eines ersten Jahres schulischer Berufsbildung mehrere Ziele an: die Erleichterung des Übergangs von der Schule in die Ausbildung, wobei insbesondere verfrühte und zufallsbedingte Orientierungen verhindert werden sollten, die Erweiterung der Qualifikationsbasis, den Ausgleich regionaler und sektoraler Unterschiede im Lehrstellenangebot und schließlich den Ausbau der Aufnahmekapazität des Berufsbildungswesens.

Die Reformbestrebungen stießen bei den Arbeitgebern auf heftigen Widerstand. Diese sahen darin eine Neutralisierung der Marktmechanismen, aber konkreter auch eine unnötige Zeiteinbuße bei der Fachausbildung. Einen weiteren Kritikpunkt bildete die fragwürdige Abgrenzung von 13 *Berufsfeldern.* Angesichts dieser Opposition wurde das BGJ nicht nur in schulischer Form eingeführt, wie ursprünglich vorgesehen, sondern auch in sogenannter "kooperativer" Form. Bei dieser Variante wird ein Wechsel zwischen Berufsschule - mit vermehrtem Zeitanteil - und Betrieb beibehalten, das Prinzip der Einführung in eines der weitgefaßten Berufsfelder aber ebenso berücksichtigt. Die berufliche Grundbildung geriet schnell in das Zentrum politischer Kontroversen um das Bildungswesen und wurde auch je nach Bundesland sehr unterschiedlich realisiert.[15]

Das BGJ nahm zu keinem Zeitpunkt mehr als 20 % der Auszubildenden im ersten Lehrjahr auf; die Reform ist also eindeutig gescheitert. In diesem Scheitern zeigt sich auf zweifache Weise der dominierende Charakter des dualen Systems: Einerseits belegt die Analyse der Ausbildungszahlen des BGJ (kaum mehr als 100.000 im Jahre 1982/83, als der Höchststand erreicht wurde)[16], daß diese sich, ebenso wie die Frequentierung der Berufsfachschulen, zur Konjunkturlage des dualen Systems umgekehrt proportional verhalten. Nachdem die schulische Berufsgrundbildung den Ausbildungsplatzmangel mit ausgeglichen hatte, ging ihre Bedeutung ständig zurück. Heute erfaßt sie kaum mehr als 15 % der am Beginn ihrer Ausbildung stehenden Jugendlichen. Andererseits konnte das duale System seinen Einfluß nicht nur

---

[15] In keinem einzigen Berufsfeld wurde das BGJ in allen Bundesländern eingerichtet.

[16] Vgl. Wolf-Dietrich Greinert, Das duale System der Berufsbildung in der BRD, Struktur und Funktion. Eschborn 1992.

Berufliche Schulen in der Bundesrepublik

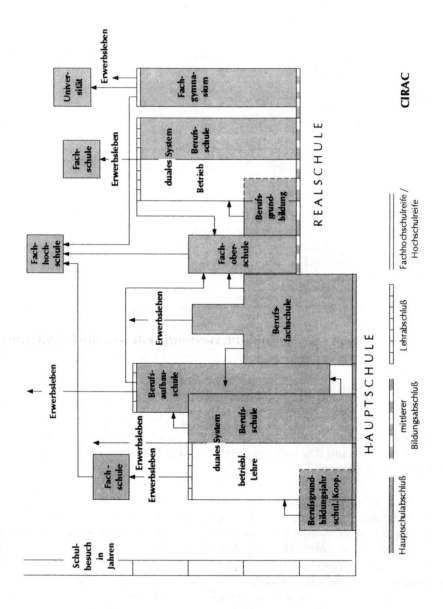

dank seines Beharrungsvermögens behaupten.[17] Wie wir in Kapitel IV noch genauer beleuchten werden, wahrte das duale System seine Stellung auch dank seiner Fähigkeit, einige der vorrangigen Ziele des BGJ inhaltlich aufzunehmen: So ist in den unlängst novellierten Ausbildungsordnungen ein erstes Jahr der Grundausbildung vorgesehen, und auch die Anstrengungen zur Errichtung überbetrieblicher Ausbildungszentren stellen eine Art Abfederung regionaler Angebotsdefizite dar.

---

17 ...wozu auch gehört, daß die Arbeitgeber das BGJ nicht als mit dem ersten Jahr der dualen Berufsbildung gleichwertig anerkennen wollten, obwohl die gesetzlichen Vorschriften dies besagen.

III

Der Ausbildungsbetrieb als Zentrum eines Systems mit konzertierten Regulationsmechanismen

Das duale System ist in einen komplexen institutionellen Rahmen eingebettet, der dessen Regulation und den Ausgleich zwischen den drei großen beteiligten Parteien ermöglicht, denen widersprüchliche Denkweisen und Interessen eigen sind: dem Staat, den Arbeitgebern und den Gewerkschaften. Dieser Rahmen sichert jedoch gleichzeitig die dominierende Position der Betriebe bei der Umsetzung der beruflichen Erstausbildung.

Global betrachtet enthält dieser institutionelle Rahmen ein ganzes Instrumentarium von Verfahrensweisen zur Erzielung eines zufriedenstellenden Interessenausgleichs, insbesondere zur Herbeiführung operationaler Kompromißlösungen. Es geht dabei um die folgenden drei Konfliktbereiche:

- Zentrale Reglementierung und regionale Autonomie: Hier ist zum einen ein Ausgleich zu schaffen zwischen dem verfassungsmäßigen Prinzip des Bildungsföderalismus, der den Ländern nahezu uneingeschränkte Kompetenzen in der Bildungs- und Schulpolitik gibt, und der durch die alleinige Zuständigkeit des Bundes garantierten, ökonomisch erforderlichen zentralen Autorität der Unternehmen. Dem Bund wurde durch das Grundgesetz die wirtschaftlich gesehen eminent bedeutsame Verantwortlichkeit für die Homogenität des Arbeitsmarktes und der Qualität der beruflichen Qualifikationen im gesamten Bundesgebiet übertragen.

- Staatliches Handeln und Subsidiarität: Hierbei ist ein Ausgleich zu schaffen zwischen der gesetzgeberischen Aktivität des Staates sowie dessen unerläßlicher Aufsichtsfunktion im Bildungsbereich und dem in der ökonomischen und sozialen Kultur Deutschlands ebenso entscheidenden Prinzip der Subsidiarität. Durch dieses Prinzip wird die Autonomie der am Wirtschaftsleben beteiligten Akteure und der Sozialpartner sowie deren fundamentales Recht, sich selbst zu organisieren und die sie unmittelbar betreffenden Sachfragen in ihrem Aktionsbereich selbst zu entscheiden (Selbstverwaltung), anerkannt und verankert; im hier relevanten Zusammenhang also die Festlegung und die Vermittlung der im Erwerbsleben erforderlichen Qualifikationen im Betrieb. Diesem Prinzip zufolge ist der Betrieb ja auch die am besten geeignete Instanz zur Vermittlung der von ihm benötigten Qualifikationen.

- Erfordernisse des Betriebs und Arbeitnehmerrechte: Hier ist schließlich ein Ausgleich zu finden zwischen den wirtschaftlich und sozial unterschiedlichen, manchmal gegensätzlichen Interessen der untrennbar miteinander gekoppelten Produktionsfaktoren Kapital und Arbeit. Voraussetzung dafür ist ein Zusammenwirken der Arbeitgeber- und Arbeitnehmerorganisationen bei der Festlegung der Qualifikationen. Für die Humanressourcen und das Wirtschaftsleben ist dies von elementarer Bedeutung, denn von der Definition der Qualifikationen hängt nicht nur die innerbetriebliche Arbeitsorganisation ab, sondern auch das Einstufungssystem und die Lohnskala.

Das Bundesinstitut für Berufsbildung (BIBB)

Das *Bundesinstitut für Berufsbildung* ist die Nachfolginstitution des mit dem Berufsbildungsgesetz von 1969 geschaffenen Bundesinstituts für Berufsbildungsforschung. Sein gegenwärtiger Rechtsstatus ist durch das *Berufsbildungsförderungsgesetz* vom 23. Dezember 1981 festgelegt. Es ist eine bundesunmittelbare Einrichtung, die der Aufsicht des Bundesministers für Bildung und Wissenschaft unterliegt. Das BIBB hat seinen Sitz in Bonn und in Berlin, wobei die Mehrzahl der Mitarbeiter (über 300 von insgesamt 380) in Berlin tätig ist. Das Institut wird im wesentlichen von der Bundesregierung finanziert; sein Etat beträgt ca. 40 Mio. DM, wovon jedoch mehr als 30 Mio. für Personalkosten verwandt werden.

Seine Aufgaben sind zweifacher Natur: Einerseits ist es in der Berufsbildungsforschung tätig. Diese Aufgabe wird aber nicht allein vom BIBB erfüllt; es bestehen ca. 30 universitäre *Institute für Wirtschafts- und Berufspädagogik*, die auch die Ausbildung der Berufsschullehrer durchführen. Das BIBB stellt die größte Konzentration von Mitteln und Kompetenzen dar. Andererseits berät es die Bundesregierung und alle sonstigen am Berufsbildungswesen Beteiligten und erbringt diesen Dienstleistungen. In der Zusammensetzung seines wichtigsten Organes, des *Hauptausschusses*, in dem paritätisch (mit je 11 Stimmen) Beauftragte der Arbeitgeber, der Gewerkschaften, der Länder und des Bundes vertreten sind, spiegelt sich die moderierende Funktion des BIBB deutlich wider. Hinzu kommen je ein Vertreter der Kommunen und der Bundesanstalt für Arbeit, jedoch nur mit beratender Stimme. Der Hauptausschuß beschließt das Forschungsprogramm und stellt den Haushaltsplan fest, er äußert sich zur Organisation des Berufsbildungswesens, wirkt an der Vorbereitung von Ausbildungsordnungen mit und nimmt zum jährlich vom Bundesminister für Bildung und Wissenschaft vorgelegten Berufsbildungsbericht Stellung.

Zu den Hauptaufgaben des Instituts zählen Forschungsaktivitäten zum Berufs- und Berufsbildungsverlauf, zum Ausbildungsprozeß, zur Erarbeitung von Ausbildungsordnungen, die wissenschaftliche Begleitung der durch die Bundesregierung finanzierten Modellversuche, die Förderung überbetrieblicher Ausbildungsstätten (Sonderfinanzierung durch den Bund), die Konzeption von Weiterbildungsprogrammen für Ausbilder, die Prüfung und Zulassung von berufsbildenden Fernlehrgängen sowie die Erstellung von Berufsbildungsstatistiken.

Ein Regulationssystem mit Beteiligung dreier Partner auf unterschiedlichen Ebenen

Aus dieser Kompetenzverteilung ergibt sich ein Regulationssystem mit mehreren Ebenen und Zuständigkeitsbereichen (Bund, Wirtschaftssektoren, regionale und betriebliche Zuständigkeit), in dem eine Vielzahl von Akteuren (Bundes- und Landesbehörden, Vertreter des staatlichen Bildungswesens, Arbeitgeber, Kammern, Gewerkschaften, Betriebsräte) in unterschiedlicher Form und mit verschiedenartiger Zielsetzung (Reglementierung, Finanzierung, Verwaltung/Durchführung, Überwachung) intervenieren und kooperieren. Dem französischen Betrachter, der ein strikt zentralstaatliches Lenkungssystem gewohnt ist, das nur subsidiarisch durch Konsultationen mit den Sozialpartnern gelockert wird und in dem nur wenige Belange dezentral auf regionaler oder lokaler Ebene gesteuert werden, erscheint dieses System etwas undurchsichtig.

Im wesentlichen unterscheidet man in der Organisation des deutschen Berufsbildungssystems vier große Zuständigkeits- und Reglementierungsebenen (siehe hierzu auch nachfolgende Übersicht):

1. Branchenübergreifende Regelung auf Bundesebene

Das *Bundesministerium für Bildung und Wissenschaft* (BMBW) hat übergeordnete Aufgaben in den Bereichen Gesetzgebung, Aufsicht und Koordinierung. Der Rechtsrahmen ist durch das 1969 verabschiedete Berufsbildungsgesetz (siehe gerahmter Text in Kap. I) gegeben. Dieses Gesetz legt die Richtlinien und Grundprinzipien fest, denen jeder ausbildungswillige Betrieb genügen muß. Eine Ausbildungspflicht für die Betriebe besteht in der Bundesrepublik nicht; vielmehr müssen diese bestimmte Voraussetzungen erfüllen, um eine Ausbildungsberechtigung zu erlangen (Übernahme der Kosten, ausreichende technische Ausstattung, Vorhandensein qualifizierter und anerkannter Ausbilder).

Außerdem stellt der Bund der Wirtschaft über das *Bundesinstitut für Berufsbildung* (BIBB), in dessen Hauptausschuß die Sozialpartner und staatliche Behörden (*Bund* und *Länder*) paritätisch vertreten sind, ein großes Potential an Fachwissen zur Verfügung. Die Arbeiten des BIBB bilden die Grundlage der Erstellung von Ausbildungsordnungen für die verschiedenen Berufe.

Für den schulischen Teil der Ausbildung, der den *Ländern* unterstellt ist, bestehen Rahmenlehrpläne für die *Berufsschulen*, die auf Bundesebene von der *Kultusministerkonferenz* (KMK) erarbeitet werden.

2. Brancheninterne Regelung auf Bundesebene

Die *Ausbildungsordnungen* für die verschiedenen Berufe einer industriellen oder handwerklichen Branche werden hauptsächlich auf dieser Ebene ausgearbeitet. Dies erfolgt in konzertierter Form innerhalb von Ausschüssen, die paritätisch mit Vertretern der Verwaltungsbehörden des Bundes, Fachleuten des BIBB, Vertretern der Arbeitgeberschaft, der Kammern und der Gewerkschaften besetzt sind, die im jeweiligen Sektor zuständig oder repräsentiert sind. Die in diesen Ausschüssen gemeinschaftlich erarbeiten *Ausbildungsordnungen* werden anschließend vom zuständigen Fachminister erlassen. Sie haben verbindlichen Charakter, d. h., jeder Ausbildungsbetrieb hat sie bei der Aufstellung und der Umsetzung seiner Ausbildungspläne zu beachten.

3. Regionale Ebene nach Branchen und branchenübergreifend

Auf dieser Ebene wird die Anwendung der Ausbildungsvorschriften vor Ort in den Betrieben und den Berufsschulen überwacht. Die Zuständigkeit für die Erteilung der Ausbildungsberechtigung an die Betriebe und deren Überwachung liegt bei den Industrie- und Handelskammern bzw. den Handwerkskammern (je nach Zugehörigkeit), während die Schulaufsicht vom Kultusministerium des jeweiligen Bundeslandes ausgeübt wird. Die Abschlüsse werden jedoch von den Kammern vergeben, die für die Durchführung der Prüfungen verantwortlich sind (in Kooperation mit den betrieblichen Ausbildern und den Berufschullehrern) und den Qualifikationserwerb zu überwachen haben.

Auf dieser Ebene erfolgt auch die erforderliche Zusammenarbeit der Vertreter des Wirtschaftsbereichs (Arbeitgeber, Kammern und Gewerkschaften) mit den Vertretern des Schulbereichs des jeweiligen Bundeslandes (alleinige Zuständigkeitsebene im Schulwesen) zur Abstimmung der Ausbildungsprogramme und Organisation des Lernortwechsels zwischen Betrieb und Schule in den verschiedenen Branchen der regionalen Wirtschaft.

4. Betriebliche Ebene

Auf der Grundlage des individuellen Ausbildungsvertrages führt der Betrieb, unter strikter Einhaltung der bestehenden Vorschriften, die Ausbildung durch und übernimmt alle damit zusammenhängenden Verpflichtungen, ob materieller Art (Finanzierung, Ausstattung, Vergütung der Auszubildenden und der Ausbilder), sozialer Art (Aufnahme im Betrieb, Betreuung) oder moralischer Natur (Qualität der Ausbildung und Ausbildungserfolg). Eine angemessene Erfüllung dieser Aufgaben kann der Betrieb aber nur im Zusammenwirken mit anderen Partnern bewerkstelligen, und zwar:

- der Arbeitnehmervertretung des Betriebs, dem Betriebsrat, dem ein Mitbestimmungsrecht in der Ausbildungspolitik gesetzlich zugesichert ist (*Betriebsverfassungsgesetz*);

- der Berufsschule, und zwar hinsichtlich der Umsetzung des Ausbildungsplans in geregelter Abfolge und der pädagogischen Betreuung der Auszubildenden;

- eventuell weiterer Unternehmen im Rahmen der überbetrieblichen Ausbildungszentren, falls der Ausbildungsbetrieb der Kategorie kleiner oder mittlerer Firmen angehört und nicht über hinreichende technische Mittel zur alleinigen Durchführung der Ausbildung verfügt.

	Festlegung der Ausbildungsziele und -inhalte	Finanzierung
nationale Ebene	Erarbeitung der Ausbildungsordnungen für die betriebliche Ausbildung. Verabschiedung eines Rahmenplans zur Vereinheitlichung des Berufsschulunterrichts. Die Zuständigkeit liegt formal für die betriebliche Ausbildung beim BMBW, für den Rahmenplan bei der KMK. In der Praxis fließen hier die Arbeitsergebnisse des BIBB mit ein. Die Entscheidungen werden auf der Basis des Konsenses zwischen den Sozialpartnern getroffen.	Normalerweise werden auf dieser Ebene keine Ressourcen mobilisiert. Der Bund kann aber intervenieren und das Ausbildungsplatzangebot subventionieren, besonders für Jugendliche, die Problemgruppen angehören (wie es in den Jahren des Lehrstellenmangels geschah). Auch können die Wirtschaftsverbände an die Betriebe appellieren, ihr Angebot an Ausbildungsplätzen zu steigern (vgl. Kap. II).
sektorale Ebene	Die Repräsentanten der Sozialpartner spielen auf dieser Ebene bei der Erarbeitung der Ausbildungsordnungen eine wesentliche Rolle. Sie werden zur nationalen Ebene delegiert oder bei den Erarbeitungsverfahren konsultiert.	Normalerweise werden auf dieser Ebene keine Ressourcen mobilisiert, doch bestehen in einigen Branchen durch Tarifverträge eingerichtete Fonds (z.B. in der Bauwirtschaft, vgl. Kap. VI), an die die nicht ausbildenden Betriebe Mittel entrichten. So finanzieren sie die Ausbildungsaktivität anderer Betriebe oder die überbetrieblichen Ausbildungsstätten mit. Auf dieser Ebene werden die Vergütungen der Auszubildenden ausgehandelt, die sich auf die Kosten der Ausbildung auswirken.
regionale Ebene	Auf dieser Ebene wird nur ein geringer und mittelbarer Einfluß auf die betriebliche Ausbildung ausgeübt: Die Sozialpartner sind in den Landesausschüssen vertreten, welche die Länderregierungen beraten. Diese wiederum sind auf Bundesebene im BIBB vertreten (im Länderausschuß). Die Kammern (IHK, HK etc.) sind durch Beauftragte der Arbeitgeber bei den Verhandlungen auf nationaler Ebene vertreten. Die Curricula der Berufsschulen werden von den Kultusministern der Länder erstellt; die Vorgaben des nationalen Rahmenplans sind aber zu berücksichtigen.	Der schulische Unterricht wird von den Ländern finanziert. Wie die Bundesregierung können auch die Länderregierungen Sondermittel zur Schaffung von Ausbildungsplätzen bereitstellen. Dies war in der Zeit des Lehrstellenmangels der Fall. Die Kammern können Beiträge zur Einrichtung überbetrieblicher Lehrwerkstätten erheben.
betriebliche Ebene	Auf dieser Ebene werden die Kompetenzen effektiv wahrgenommen, in dem Sinne, daß ein Betrieb im Ausbildungsniveau über die Mindestanforderungen hinaus gehen kann. Besonders Großbetriebe tun dies. Die Betriebsräte machen ihren Einfluß auf die Gestaltung der Ausbildung mittels ihres Mitbestimmungsrechts geltend.	Die Betriebe finanzieren ihre Ausbildungsaktivitäten selbst.

in der beruflichen Bildung

Durchführung und Verwaltung	Evaluierung und Überwachung	
	Eine jährliche Bewertung des Berufsbildungswesens wird im Berufsbildungsbericht der Bundesregierung vorgenommen. Der Bericht stützt sich auf die Ergebnisse des BIBB und enthält eine Stellungnahme des Hauptausschusses. Stellungnahmen der Forschungsinstitute der Gewerkschaften und Arbeitgeber werden regelmäßig abgegeben.	**nationale Ebene**
Die Berufsverbände leisten einen Beitrag zur Ausbildung der Ausbilder, für die die Kammern zuständig sind, und zur Errichtung und Verwaltung überbetrieblicher Ausbildungsstätten, für die ebenfalls die Kammern verantwortlich sind. Die Arbeitnehmerverbände sind an der Verwaltung dieser Zentren beteiligt.	Die Fachverbände der Wirtschaft und die Gewerkschaften nehmen mittels ihrer Kontakte zu den Betrieben eine ständige Evaluierung vor. Intervenieren können sie auf dieser Ebene jedoch nicht.	**sektorale Ebene**
Starke Beteiligung der Kammern bei der Durchführung der betrieblichen Ausbildung: Sie sind zuständig für die Abschlußprüfungen, die Ausbildung der Ausbilder und den Unterhalt der überbetrieblichen Ausbildungsstätten. Die Kammern sind auf dieser Ebene in den Berufsbildungsausschüssen vertreten. Der schulische Unterricht wird in den Berufsschulen erteilt, die von den Ländern getragen werden.	Die betriebliche Ausbildung wird von den Kammern überwacht. Ihre Ausbildungsberater, die mit der Überwachung betraut sind, greifen i.d.R. nur bei konkreten Schwierigkeiten ein (Beschwerden von Auszubildenden oder eine unverhältnismäßig hohe Quote schlechter Prüfungsergebnisse). Die Gewerkschaftsvertreter in den Berufsbildungsausschüssen der Kammern können auf Mißstände aufmerksam machen, sind aber nicht handlungsberechtigt. Sie können insbesondere von Betriebsratsmitgliedern entsprechende Hinweise erhalten.	**regionale Ebene**
Bei der Durchführung der betrieblichen Ausbildung haben die Betriebsräte ein Mitbestimmungsrecht. Es bestehen jedoch nicht in allen Unternehmen Betriebsräte.	Die Überwachung erfolgt durch die Betriebsräte, sofern eine solche Interessenvertretung besteht.	**betriebliche Ebene**

Diese komplexen Regulierungsmechanismen auf den verschiedenen Ebenen bringen zahlreiche Zwänge und eine gewisse Schwerfälligkeit mit sich, ist doch der Zeit- und Sachaufwand erheblich und eine ständige Koordination zwischen allen Partnern erforderlich. Neue Entwicklungen vollziehen sich demzufolge nur langsam, insbesondere was die Anpassung und die Modernisierung der Ausbildungsordnungen betrifft, die einem langwierigen und manchmal mühseligen Verfahren unterliegen.

Diese Schwerfälligkeit des Systems ist aber andererseits ein Stabilitätsfaktor und garantiert die erforderliche Kontinuität der Berufsbildungspolitik. Sie sichert auch die gesellschaftliche Akzeptanz und vor allem die Effizienz des Systems, da Entscheidungen und Orientierungen, die im Konsens zwischen unmittelbar beteiligten und zuständigen Gesprächspartnern getroffen werden, generell sachdienlicher, dauerhafter und besser anwendbar sind, weil alle Parteien an ihrer Vorbereitung mitwirkten.

Die Berufsschule, Schwachstelle des Systems

Dieses System weist jedoch in seinem Gesamtkonzept einen Schwachpunkt auf, nämlich die Verbindung zwischen Betrieb und Berufsschule. Im allgemeinen verläuft die auf einer langen Praxis des Dialogs und der Abstimmung zwischen den beiden Partnern im dualen System basierende Kooperation erfolgreich. Unsere Erhebung lieferte uns viele Beispiele einer lebendigen und effizienten Partnerschaft. Andererseits stößt man aber in den meisten Sektoren auf latente Reibungen zwischen Betrieb und Berufsschule, die hauptsächlich auf die folgenden Faktoren zurückzuführen sind:

- die Tatsache, daß die Abstimmung der Lehrpläne der *Berufsschulen* mit den *Ausbildungsordnungen* nur über ziemlich allgemein gehaltene *Rahmenpläne* erfolgt, die von den einzelnen *Ländern* recht unterschiedlich interpretiert werden können;

- ein gewisses Konkurrenzverhältnis zwischen Betrieb und Schule im Hinblick auf die Aufteilung der Ausbildungszeit - um so ausgeprägter, je kleiner der Betrieb ist und je stärker er auf die Produktivleistung des Auszubildenden angewiesen ist. Oftmals gehen auch die Einschätzungen der vom anderen Partner gebotenen Ausbildungsinhalte und der Ausbildungsqualität auseinander. Insbesondere die Betriebe äußern Kritik an der Qualität der vermittelten Grundkenntnisse, weniger allerdings am Berufsschulunterricht allgemein;

- die Unzulänglichkeiten der *Berufsschulen* selbst: Diese erscheinen immer mehr als die „armen Vettern" des Bildungswesens. Sie leiden unter Geld- und Lehrkräftemangel. Im Defizit an Lehrpersonal schlägt sich eine Rekrutierungskrise nieder, die ihrerseits mit dem schwindenden Ansehen der Berufsschulen im Verhältnis zu den allgemeinbildenden Schulen zusammenhängt. Daraus ergeben sich Vakanzen, fehlende Vertretungskräfte, Unterrichtsausfälle und ein Zurückbleiben hinter dem Unterrichtsplan - Erscheinungen, die von den Betrieben als Störfaktoren und Effizienzminderung betrachtet werden. Aus der Rekrutierungskrise resultiert außerdem ein erheblicher Rückgang des Qualifikationsniveaus der Lehrkräfte, ganz im Gegensatz zu dem durch die rasche technologische Entwicklung bedingten, ständig zunehmenden Professionalismus der betrieblichen Ausbilder, besonders in den Großunternehmen. Diese "schleichende Abkoppelung" der Berufsschule kann mit der Zeit beunruhigende Formen annehmen, denn der Dialog und die Kooperation zwischen der Schule und dem Betrieb könnten sich bei einer weiteren Entwicklung in dieser Richtung festfahren. Dies würde das globale Gleichgewicht des Systems gefährden.

Einige Betriebe, speziell die Großunternehmen, umgehen diese Probleme, indem sie entweder, dank einer Sonderregelung, ihre eigene *Berufsschule* unterhalten, womit sie auch sehr zufrieden sind (z.B. Bayer)[1] , oder indem sie lokal mittels finanzieller Unterstützung oder vielfältiger logistischer und pädagogischer Hilfestellung einen positiven Einfluß auf das Funktionieren der Schule allgemein ausüben. Die Situation stellt sich auch dann günstiger dar, wenn die Aktivitäten geographisch gebündelt werden können: So haben in Köln, der Hochburg des Versicherungswesens, die Unternehmen, die dort ihren Hauptsitz haben, die Errichtung einer auf ihre Aktivitäten zugeschnittenen Berufsschule favorisiert, die ihre Lehrlinge aufnimmt. Wesentlich ungünstiger ist das Bild in den dünn besiedelten Gebieten mit heterogener Wirtschaftsstruktur und überwiegend kleinen oder mittleren Betrieben. Unter diesen   relativ häufig anzutreffenden Umständen sinkt tendentiell der Standard der *Berufsschule*. Tatsächlich illustrieren die Schwierigkeiten der *Berufsschulen* und die manchmal aus Wirtschaftskreisen an ihnen geäußerte Kritik indirekt, aber doch recht deutlich, die Vorherrschaft des Betriebs im dualen System und seinen Einfluß.

Vorherrschaft des Betriebs und gesellschaftlicher Konsens

Der Zusammenhalt und das innere Gleichgewicht eines derart komplexen institutionellen Systems werden von zwei ausschlaggebenden Faktoren gesichert:

1. Zentrale Stellung des Betriebes

Der Betrieb ist gleichsam Schlußstein des Gebäudes, denn er trägt letztendlich die Verantwortung für die Durchführung der Ausbildung. Die Basis dieser Verantwortlichkeit ist der kodifizierte und standardisierte *Ausbildungsvertrag*, abgeschlossen mit einem vom Betrieb selbst ausgewählten Lehrstellenbewerber. Während der gesamten Ausbildungszeit ist der Auszubildende der betrieblichen Autorität unterstellt, die sich auch auf den ordnungsgemäßen Ablauf und die erfolgreiche Teilnahme am Berufsschulunterricht erstreckt. So steht die Alternanz im deutschen System ausschließlich unter betrieblicher Verantwortung.

---

[1] Hier sei angemerkt, daß die Lehrkräfte im staatlichen Bildungswesen erworbene Diplome und den Status von abgeordneten Beamten innehaben. Natürlich werden die offiziellen Unterrichtspläne eingehalten.

Als zentrale Autorität in der Ausbildung muß der Betrieb die *Ausbildungsordnungen* einhalten, was ihn notfalls dazu verpflichtet, die Lücken des *Berufsschulunterrichts* selbst zu schließen, um den Ausbildungserfolg zu sichern. Mit dieser Zielsetzung kann der Betrieb auch die vom Auszubildenden zu besuchende *Berufsschule* auswählen. Vor allem aber liegt die Entscheidung über ein Ausbildungsengagement und die Antragstellung zur Erteilung einer Ausbildungsberechtigung allein beim Betrieb.

Als zentrale Autorität in der Ausbildung tritt der Betrieb schließlich auch deshalb auf, weil er seine finanziellen Mittel und personellen Kapazitäten einsetzt. Im Gegenzug ist er tatsächlich autonom in der eigentlichen Gestaltung der Ausbildung, wobei die Pflichten und Normen zu beachten sind. Hat sich ein Betrieb zum Ausbilden entschlossen und seine Anerkennung erhalten, dann kann er ohne größere Schwierigkeiten den gesetzlichen Vorschriften nachkommen. Die Aufsicht über die Betriebe zielt eher auf eine Überwachung der Konformität als der Opportunität oder der Inhalte. Insbesondere steht den Betrieben nichts im Wege, wenn sie ihre Ausbildung permanent novellieren, anpassen und verbessern wollen. Scheint ihnen dies zur Qualifizierung ihrer zukünftigen Mitarbeiter erforderlich, gehen sie dabei oft weit über die Mindestanforderungen hinaus. So bestimmen die Betriebe innerhalb des gesetzlich vorgegebenen Rahmens souverän den Umfang und die Modalitäten ihrer Investition in die Ausbildungsaktivität.

2. Gesellschaftlicher Konsens

Diese Aufgabe - übrigens einer der Hauptgründe, weshalb der Betrieb in Deutschland als 'bürgerfreundlich' erscheint - kann aber nur erfüllt werden, weil die Gesellschaft sie den Unternehmen zuerkennt und ihnen überträgt. Die Zuerkennung der Ausbildungsverantwortlichkeit des Betriebs beruht auf einem Konsens zwischen dem Staat und den Sozialpartnern, einem pragmatischen Konsens, den man als 'Qualifizierungspakt' bezeichnen könnte. Allen Beteiligten wird damit Genüge getan: Der Betrieb sichert sich ein nach seinen Erfordernissen qualifiziertes Personal; die Gewerkschaften machen ihren Einfluß auf die Ausbildung geltend, um ein hohes Lohnniveau und mehr Arbeitsplatzstabilität in Zeiten technischen Wandels zu erreichen; der Staat betrachtet eine effiziente berufliche Eingliederung als einen Faktor der gesellschaftlichen Stabilität, der Wettbewerbsfähigkeit und des wirtschaftlichen Wachstums.

Dieser Konsens ist ein Faktum, solider als alle offensichtlich bestehenden Konflikte. Man denke nur an die Verhandlungen um die Neuordnung der Metallberufe, bei denen 1984 ein entscheidender Schritt nach vorne getan wurde, während gleichzeitig die Streikwelle um die Arbeitszeitverkürzung in einem extrem aggressiven Klima ihren Höhepunkt erreichte. Ein weiteres Beispiel ist die Ende der 70er Jahre geführte Kontroverse um die Reform des beruflichen Bildungswesens, die Fortschritte bei den Verhandlungen um eine Neuordnung der Bauberufe nicht behindert hat (vgl. Kap. IV).

Bei den hier angesprochenen Novellierungen von *Ausbildungsordnungen* tritt dieser Konsens auf Bundesebene in Erscheinung, von wesentlicher Bedeutung ist er aber auch auf der Ebene der Unternehmen. Hier ist der Betriebsrat mit seiner Überwachungsfunktion und Mitbestimmungsrechten bei der innerbetrieblichen Gestaltung der Ausbildung eingeschaltet. Er kann auf diese Weise Mißbräuchen entgegenwirken, die Rechte der Auszubildenden einfordern und die Qualität der Ausbildung kontrollieren.

Schließlich bleibt die hohe Wertschätzung des Systems durch die Deutschen selbst, besonders die Familien und die Jugendlichen, als letzte - aber keinesfalls unbedeutendste - Komponente des Konsenses zu nennen, stellt diese Einschätzung doch den eigentlichen Zement des 'Ausbildungsgebäudes' dar. Eltern und Jugendliche betrachten die duale Ausbildung als Garant für den Erwerb einer soliden beruflichen Qualifikation, guter Perspektiven einer ersten Eingliederung ins Erwerbsleben und realer späterer Aufstiegsmöglichkeiten.

Der Konsens sollte folglich als determinierendes Element der Rahmenbedingungen verstanden werden, denn er ist Produkt und Grundlage des Systems zugleich. So beruht nach unserer Auffassung die Effizienz des dualen Systems weniger auf einer spezifischen Konsensfähigkeit der deutschen Gesellschaft, als auf der Fähigkeit der politisch und sozial Verantwortlichen, kohärente und operationale Spielregeln in evolutionärer und pragmatischer Weise gemeinschaftlich zu entwickeln, die sich in der Praxis bewähren und dadurch ihre Legitimation erhalten.

IV

Ein differenziertes Ausbildungsangebot mit hohem Qualitätsstandard

Da es auf der Eigeninitiative der Betriebe basiert, hat das duale System den entscheidenden Vorteil, der mit diesem freiwilligen Engagement der Wirtschaft im Ausbildungswesen verknüpft ist: Es schafft eine Professionalität, die den Arbeitgebern hinsichtlich der ökonomischen Effizienz zugute kommt (vgl. auch Kap. V) und von der die Arbeitnehmer bei der Eingliederung ins Erwerbsleben gleichermaßen profitieren (vgl. hierzu Kap. VI). Dieser Vorteil kommt aber nur dank der weitreichenden Reglementierung des Ausbildungsmarktes zum Tragen. Die Ausbildungsordnungen bewirken eine Homogenisierung des Angebots, und die im vorhergehenden Kapitel dargestellten institutionellen Mechanismen - insbesondere die Art und Weise, in der die Sozialpartner diese seit Mitte der 70er Jahre nutzen - haben eine wesentliche Steigerung des Ausbildungsniveaus und die Entwicklung in Richtung Polyvalenz ermöglicht.

Ein differenziertes Ausbildungsangebot

Wie wir gesehen haben, funktioniert das duale System im wesentlichen nach Marktgesetzen, da die Betriebe völlig frei entscheiden, ob sie ausbilden wollen. Diese Entscheidung ist von einer Berechnung abhängig, in die Kosten und Nutzen der Ausbildung einbezogen sind (vgl. Kap V). Deren Verhältnis wird offensichtlich stark von der jeweiligen Fachrichtung beeinflußt, sollte jedoch auch unter dem Gesichtspunkt der Opportunitätskosten abgewogen werden. Ausschlaggebender Faktor ist hierbei das Arbeitskräfteangebot auf dem lokalen Arbeitsmarkt. Defizite in diesem Bereich wiegen stärker als alle anderen Faktoren, denn der Betrieb kann nicht erwarten, daß das Schulwesen ihm die Ausbildung abnimmt. Auch sind die Arbeitgeber bestrebt, keinen Arbeitskräftemangel aufkommen zu lassen, da eine solche Lücke zu steigenden Lohnforderungen führen könnte.[1]

Nach der Arbeitsstättenzählung des Jahres 1987 (die private Unternehmen, Verwaltungseinrichtungen und die freien Berufe einbezog) sind ca. 20 % der Betriebe in der Erstausbildung aktiv. Betriebe mit 1 bis 4 Mitarbeitern[2] stellen zwar die Mehrzahl der Arbeitsstätten dar, zählen aber nur 7,1 % der Auszubildenden. Hingegen bilden

---

[1] Zum Einfluß der Ausbildungspolitik auf den Arbeitsmarkt vgl. Burkart Lutz in: Martine Möbius / Eric Verdier (Hrsg.): Le système de formation professionnelle en RFA, résultat de recherches françaises et allemandes. Paris (CEREQ: Collection des études n° 61, Februar 1992, S. 141 ff.)

[2] Unter 'Mitarbeitern' sind hier auch eventuelle Auszubildende inbegriffen. Zu allen folgenden Daten vgl. Rudolf Werner, "10 % der Auszubildenden in Großbetrieben". In: Berufsbildung in Wissenschaft und Praxis, 4/1990, S. 35.

zwischen 50 und 75 % der Unternehmen der Kategorie 10 bis 199 Mitarbeiter aus. Sie vereinen fast die Hälfte der Auszubildenden auf sich. Von den Unternehmen mit über 1 000 Mitarbeitern bilden mehr als 85 % aus. Da sie jedoch nicht sehr zahlreich sind und ihre Ausbildungsquote[3] eher unterdurchschnittlich ist (4,8 % gegenüber 6,5 %), bilden sie nur knapp 10 % der Lehrlinge aus.

Tabelle 3
Auszubildende nach Betriebsgrößenklassen

Betriebe mit ... bis ... Mitarbeitern (1)	1970			1987			Ausbildungs- quote 1987 (2)
	gesamt	männl.	weibl.	gesamt	männl.	weibl.	
1 - 4	10,3	7,5	14,9	7,1	5,4	9,2	6,0
5 - 9	19,2	15,9	24,4	18,6	15,3	22,7	10,6
10 - 19	14,0	14,3	13,4	15,7	16,0	15,4	9,8
20 - 49	13,8	15,2	11,5	14,1	15,5	12,3	7,2
50 - 99	8,8	9,5	7,6	8,7	9,2	8,1	5,8
100 - 199	8,2	8,4	7,9	8,2	8,5	7,8	5,6
200 - 499	9,7	9,9	9,4	10,9	10,9	10,9	10,9
500 - 999	16,0	19,3	10,9	6,8	6,8	6,9	5,9
1000 u.mehr				9,8	12,4	6,7	4,8
zusammen	100,0	100,0	100,0	100,0	100,0	100,0	6,5

(1) Es sind hier Betriebe aller Ausbildungsbereiche zusammengefaßt (einschließlich freie Berufe. Bei den Beschäftigtenzahlen sind die Auszubildenden inbegriffen.
(2) Verhältnis der Auszubildenden zu den Beschäftigten; bei der Größenklasse 1 - 4 wurden Kleinstbetriebe mit bis zu 2 Beschäftigten nicht berücksichtigt.

Quelle: Berufsbildung in Wissenschaft und Praxis, 4/1990

Im übrigen gibt es starke qualitative Schwankungen im Ausbildungsangebot je nach Sektor und Fachrichtung innerhalb der Branche. Als extreme Gegensätze sind hier die intellektuell am anspruchsvollsten Verwaltungs- und Handelsberufe des Sektors Banken/Versicherungen einerseits und die Berufe des Einzelhandels oder das Friseurhandwerk andererseits zu nennen.

Zu diesem Differenzierungsmerkmal kommt noch die Betriebsgröße hinzu. Schematisch dargestellt stehen sich hier die Kleinbetriebe, deren Ausbildung mehr in den Produktionsprozeß integriert ist, und die Großunternehmen gegenüber, die in den industriellen Fachrichtungen Lehrwerkstätten besitzen. Im letztgenannten Sektor ist die Ausbildung vom Produktionsgeschehen abgetrennt und wird von einer eigenen Ausbildungsabteilung mit zahlreichen hauptamtlichen Ausbildern konzipiert und

---

[3] Unter Ausbildungsquote versteht man das Verhältnis zwischen der Anzahl der Auszubildenden und der Mitarbeiterzahl insgesamt.

Verfahren zur Erarbeitung von Ausbildungsordnungen

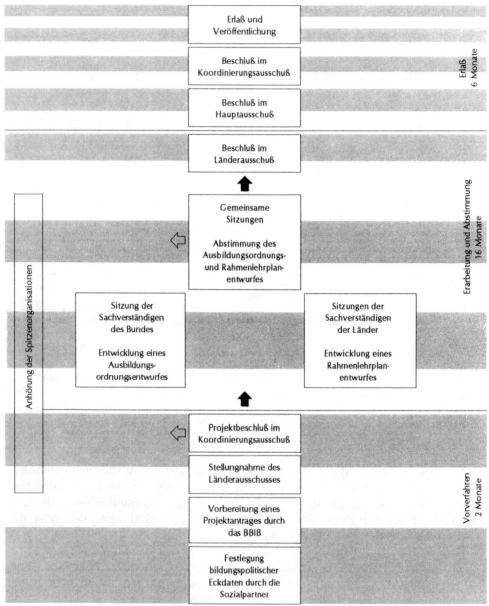

Quelle : Benner, Hermann, Ordnung der staatlich anerkannten Ausbildungsberufe.
Berichte zur beruflichen Bildung, Heft 48, Berlin 1982, S. 67

durchgeführt. Ein wesentlicher Teil der betrieblichen Ausbildung (i.d.R. die erste Phase) findet in einer sehr gut ausgestatteten Lehrwerkstätte statt, in der hochentwickelte didaktische Konzepte eingesetzt werden können. Außerdem führt der Betrieb oftmals eine theoretische Ausbildung zur Ergänzung des Berufsschulunterrichts durch.

Andererseits jedoch wird der Auszubildende in den Kleinbetrieben des gewerblichen Sektors sehr schnell in den Produktionsprozeß integriert, auch wenn *Lehrecken* vorhanden sind. Besitzt im handwerklichen Sektor nur der Meister selbst die Ausbilderanerkennung, so müssen die Auszubildenden selbstverständlich oft unter der Aufsicht von Arbeitern tätig sein, die sich nicht unbedingt stark mit pädagogischen Fragen beschäftigen. Folglich wird die Ausbildung weniger systematisch und theoretisch durchgeführt. Daraus sollte man nicht voreilig auf eine schlechtere Ausbildungsqualität schließen, denn je weniger ausgeprägt die Arbeitsteilung in einer kleinen Produktionseinheit ist, um so eher kann der Auszubildende verschiedene Ernstsituationen kennenlernen, und um so rascher eignet er sich also eine bestimmte Form des selbständigen Handels und der Polyvalenz an.

Richtig ist aber, daß die kleinen Betriebe von den Jugendlichen häufiger erwarten, daß sie nach kurzer Frist profitabel einsetzbar sind. Die genannten höheren Ausbildungsquoten in diesem Bereich verdeutlichen die Tendenz der Kleinbetriebe, über ihren Qualifikationsbedarf hinaus auszubilden; ganz im Gegensatz zu den Großunternehmen, die hohe Ausbildungskosten einkalkulieren müssen und darum nicht mehr investieren wollen, als zur Deckung ihres Fachkräftebedarfs unbedingt erforderlich ist. So konnte man in der Vergangenheit beobachten, daß der Anteil der im Handwerk ausgebildeten Jugendlichen am Gesamtvolumen bei abflauender Konjunktur stets spürbar anstieg. Angesichts dieser Schwachpunkte[4], die nicht außer acht bleiben dürfen, da Betriebe mit unter 50 Beschäftigten die Mehrzahl der Jugendlichen ausbilden, kommt der Reglementierung der Ausbildung durch bundesweit verbindliche Normen (*Ausbildungsordnungen*) eine um so größere Bedeutung zu.

Die Ausbildungsordnungen: Instrumente zur Vermittlung einer beruflichen Kultur

Die Ausbildungsordnungen enthalten eine Auflistung der Fertigkeiten und Kenntnisse, die mit der Ausbildung erworben werden müssen, einen Rahmenplan zur sachlichen und zeitlichen Gliederung und Angaben zu den Prüfungsanforderungen. Sie dienen also der Festsetzung der Mindestanforderungen und bewirken eine Standardisierung der Berufe, der alle Wirtschaftsbereiche unterworfen sind.

---

[4] In den 70er Jahren führten die Mißbräuche zu Protestbekundungen der Auszubildenden, bis hin zu einer organisierten Protestbewegung.

Interessant ist hierbei, daß das Prinzip von Ausbildungsberufsbildern in der historischen Perspektive keineswegs vom Staat auferlegt wurde. Der Gedanke einer Vereinheitlichung der Ausbildungen kam schon vor dem Ersten Weltkrieg in der Industrie auf (eine erste Stellungnahme in dieser Richtung gab der Deutsche Ausschuß für Technisches Schulwesen - DATSCH - im Jahre 1919 ab) und wurde ab den 20er Jahren von seiten der Industrie selbst in die Tat umgesetzt. Ungeachtet der um die Jahrhundertwende aufkommenden Formen dequalifizierender Arbeitsorganisation, die sich aus der fortschreitenden Mechanisierung ergaben, gerieten die handwerklichen Ursprünge bei vielen Betrieben nicht in Vergessenheit und dienten weiter als Wertemaßstab[5]. Diese Haltung erklärt sich auch aus der zu jener Zeit stark ausgeprägten Neigung der Industrie, sich zu organisieren und die Konkurrenz zu begrenzen - eine Tendenz, die durch die Entwicklung von Fabrikationsnormen und vor allem die starke Kartellbildung veranschaulicht wird.

Die Erarbeitung von Ausbildungsordnungen

Das Verfahren ist langwierig und komplex, da es die Einbeziehung und die Zustimmung zahlreicher Akteure erfordert. Dabei sind Vertreter der *Länder*, der Gewerkschaften und der Arbeitgeberverbände (Spitzenverbände aber auch Fachverbände der Branche, der die zur Diskussion stehende Ausbildungsordnung zuzurechnen ist) sowie des Bundesministeriums für Bildung und Wissenschaft und des zuständigen Fachministeriums (Wirtschaftsministerium, Landwirtschaftsministerium etc.) einbezogen. Eine zentrale Aufgabe hat auch das *Bundesinstitut für Berufsbildung* (BIBB), nicht nur als Einrichtung, die das erforderliche Fachwissen besitzt, sondern auch als institutioneller Rahmen. Die Verhandlungen und Abstimmungen finden im *Hauptausschuß* des BIBB statt oder in einem *Länderausschuß*, in dem die Sozialpartner, die Bundesbehörden und die *Länder* vertreten sind. Eine weitere wichtige Instanz ist der *Koordinierungsausschuß*, in dem nur Vertreter der Bundesministerien und der Kultusministerien der *Länder* sitzen.

Voraussetzung für die Erarbeitung einer neuen Ausbildungsordnung oder Neufassung einer schon bestehenden auf Antrag der Gewerkschaften, der Arbeitgeberschaft oder des BIBB ist, daß diese drei Parteien einhellig für einen solchen Schritt votieren. Dann kann man in ein Vorverfahren eintreten, das gewöhnlich 6 Monate beansprucht. Zunächst findet ein vom zuständigen Fachminister (meist dem Wirtschaftsminister) organisiertes Gespräch zwischen den Tarifparteien, Vertretern des BIBB, des BMBW und der *Kultusministerkonferenz* (KMK) statt. (Die KMK ist eine permanente Einrichtung, die im Grundgesetz nicht vorgesehen war und folglich die Kultushoheit der *Länder* nicht tangiert. Vielmehr finden sich die *Länder* in ihr freiwillig zusammen, um ihre bildungspolitischen Entscheidungen zu koordinieren.) In diesem

---

[5] Daraus erklärt sich auch, weshalb in die Diskussion um die gesellschaftlichen Funktionen des dualen Systems lange Zeit keine progressiven Gedanken einflossen: Bis Anfang der 60er Jahre stellten viele Pädagogen und Verantwortungsträger in der Wirtschaft die Wahl eines Berufs als Ausdruck einer *Berufung* zur Ausübung einer Tätigkeit dar (man beachte, daß beide deutschen Begriffe denselben Wortstamm haben) und folglich als Entscheidung für eine bestimmte Stellung in der Gesellschaft. Natürlich wurde die Berufswahl schon zu jener Zeit immer stärker von pragmatischen und utilitaristischen Kriterien bestimmt, zumal die beschleunigte Modernisierung die Arbeitnehmer bereits zunehmend zwang, ihren Beruf im Verlauf des Erwerbslebens einmal oder öfter zu wechseln.

Gespräch sollen fünf Eckdaten ausgehandelt werden: die präzise Berufsbezeichnung, die Ausbildungsdauer, die Berufsbeschreibung, Struktur und Aufbau des Ausbildungsgangs sowie das weitere Verfahren des Erarbeitungsprozesses. Aufgrund dieser Vorgaben entwickelt das BIBB einen Entwurf des Projektantrags, der dem *Länderausschuß* und dem zuständigen Fachminister vorgelegt wird. Der Fachminister, der die Kompetenz zur Reglementierung der betrieblichen Ausbildung besitzt, erstellt den offiziellen Projektantrag zur Novellierung (oder Neuerarbeitung) einer Ausbildungsordnung, wobei das Votum des *Länderausschusses* zu berücksichtigen ist. Bevor jedoch die eigentliche Erarbeitungsphase beginnt, hat der *Koordinierungsausschuß* über den Projektantrag zu beschließen.

Die Erarbeitungsphase dauert normalerweise 16 Monate und gliedert sich in folgende Etappen: Parallel zueinander erarbeiten Experten der Tarifparteien und des BIBB einen Entwurf der Ausbildungsordnung und eine *ad hoc* gebildete Kommission der Kultusministerkonferenz (KMK) den Rahmenlehrplan für die *Berufsschulen*. In diesem Rahmenlehrplan sind die Leitlinien des Berufsschulunterrichts festgelegt, wobei jedoch den einzelnen *Ländern* ein dem Bildungsföderalismus entsprechender Auslegungsspielraum vorbehalten ist. Nachdem der Entwurf der Ausbildungsordnung den Spitzenorganisationen der Gewerkschaften und der Arbeitgeber vorgelegt worden ist, welche das Papier an die betroffenen Fachverbände, Kammern und bestimmte Betriebe weiterleiten, werden beide Dokumente in gemeinsamen Sitzungen der beiden Expertengruppen diskutiert. Schließlich werden sie vom Länderausschuß und vom Hauptausschuß des BIBB geprüft.

Die Bundesministerien (BMBW und zuständiges Fachministerium) können dann zur dritten Phase, dem Erlaßverfahren, übergehen, das üblicherweise 2 Monate beansprucht, da der Koordinierungsausschuß noch einmal eingeschaltet wird und das endgültige Ergebnis beschließt. Der Rahmenlehrplan für die Berufsschulen wird von den Kultusministerien der *Länder* erlassen. Beide Dokumente werden auch im Bundesanzeiger veröffentlicht.

Das System der *Ausbildungsordnungen* leistet einen entscheidenden Beitrag zum Funktionieren eines Marktes, den man mit den Worten von Burkart Lutz als "ziemlich subtil" bezeichnen kann. „Die produzierte Ware wird von den Arbeitgebern gekauft, die Qualifikation ist an eine Person gebunden, also flüchtig. [...] Der Unternehmer bzw. Arbeitgeber investiert in Humankapital, ohne sicherstellen zu können, daß sich die Investition auch bei dieser speziellen Person bezahlt macht."[6] Wenn aber ein Arbeitnehmer in der Bundesrepublik den Betrieb verläßt, bevor sich seine Ausbildung amortisiert hat, ist für den Arbeitgeber nicht alles umsonst gewesen: Dank der Ausbildungsordnungen, durch die die Verbreitung einer homogenen beruflichen Kultur in der gesamten Wirtschaft garantiert ist, kann er diesen Arbeitnehmer leicht durch einen in einem anderen Betrieb ausgebildeten ersetzen. Wenn jeder darauf setzen darf, daß die kollektiven Anstrengungen, an denen er sich beteiligt, auch ihm zugute kommen, dann kann die Ausbildung tatsächlich als „kategorischer Imperativ" gelten.

Aus der Sichtweise des Arbeitnehmers begünstigt ein gut funktionierender Markt die Mobilität. Obwohl sich die Lehrlingsausbildung deutscher Prägung auf eine weitgehend durch den Betrieb und in ihm durchgeführte Ausbildung stützt, kann ein Arbeitnehmer ohne ein Risiko der Dequalifizierung den Betrieb wechseln, solange er

---

[6] Vgl. B. Lutz in Möbius / Verdier, a.a.O.

im selben Beruf tätig bleibt. In diesem Punkt besteht ein Gegensatz zu einem System der Ausbildung 'on the job' und der 'lebenslangen Beschäftigung' im selben Betrieb, wie es in großem Umfang in den japanischen Großunternehmen praktiziert wird. Folglich sind die deutschen Arbeitgeber den Zwängen der Organisation eines internen Arbeitsmarktes weniger ausgesetzt als ihre japanischen Konkurrenten[7]. Außerdem deckt sich diese deutsche Methode der Personalplanung mit der Organisationsweise der Arbeitnehmerschaft: Es gibt in der Bundesrepublik keine Betriebsgewerkschaften.

Insgesamt übt das Prinzip der *Ausbildungsordnungen* einen vorteilhaften Zwang aus: Die Betriebe müssen ihre Ausbildungsinhalte ungeachtet ihrer unmittelbaren Bedürfnisse auf ein allgemeinverbindliches Niveau bringen - ein positiver Zwang, der die Arbeitnehmer vor einer "Billigausbildung" schützt und damit einen wesentlichen Legitimationsfaktor des dualen Systems darstellt. Wohlgemerkt steht es jedem Betrieb, der sich mit den aus diesen Zwängen erwachsenden Kosten überfordert fühlt, frei, nicht auszubilden - so wie umgekehrt einer die Mindestanforderungen übersteigenden Ausbildung nichts entgegensteht.

Die Entwicklung hin zur Polyvalenz der Qualifikationen

Obwohl bundesweit geltende Ausbildungsanforderungen von ihrer Definition her die Ausbildungspraxis in den Betrieben vereinheitlichen, kann es im System der *Ausbildungsordnungen* sehr spezielle Fachrichtungen geben. Hierzu zählen u.a. die 'Splitterberufe', sehr eng gefaßte Berufsbilder mit kurzer dualer Ausbildung, die bereits seit der Zeit nach dem Ersten Weltkrieg von den Gewerkschaften kritisiert werden.

Doch sobald sich die Erweiterung der Berufsfelder abzeichnete, erwies sich das System der *Ausbildungsordnungen* als sehr effizientes 'Transportmittel' eines induzierten Zugewinns an Polyvalenz. Ein solcher Prozeß ist in der Bundesrepublik Anfang der 60er Jahre in Gang gekommen. Während die Diskussion um die Konsequenzen der Automation und die Notwendigkeit einer beruflichen Grundbildung ihren Höhepunkt erreichte, machte sich gleichzeitig in den technologischen Spitzenbranchen ein erweiterter Qualifikationsbedarf bemerkbar.[8]

---

[7] Zu einer theoretischeren Betrachtung der Funktionsweise der 'berufsspezifischen' Arbeitsmärkte und der Gegebenheiten in der Bundesrepublik mit ihrem 'Mischsystem', das auch Elemente enthält, die mit der Bildung interner Märkte konkurrieren, vgl. Werner Sengenberger, Struktur und Funktionsweise von Arbeitsmärkten, Die Bundesrepublik Deutschland im internationalen Vergleich. Frankfurt/M./New York 1987, S. 126 ff und 180 ff.

[8] In einer vergleichenden Studie des LEST Aix-en-Provence und des ISF München über das Ausbildungswesen und die Arbeitsorganisation in Frankreich und der Bundesrepublik (Burkart Lutz, „Bildungssystem und Beschäftigungsstruktur in Deutschland und Frankreich. Zum Einfluß des Bildungssystems auf die Gestaltung betrieblicher Arbeitskräftestrukturen". In: Hans-Gerd Mendius u.a., Betrieb, Arbeitsmarkt, Qualifikation. Frankfurt/M. 1976; und Marc Maurice / François Sellier / Jean-Jacques Silvestre, Politique d'éducation et organisation industrielle en France et en Allemagne. Paris 1981), deren empirische Daten von 1971-72 stammen,

Im Anschluß daran begünstigte das *Berufsbildungsgesetz* von 1969 die Entwicklung in Richtung Polyvalenz durch die Einbeziehung der Gewerkschaften bei der Erstellung der Ausbildungsordnungen. Zugegebenermaßen ist das Verfahren äußerst umständlich, entsprechend der institutionellen Komplexität des dualen Systems und der Notwendigkeit, einen dreifachen Ausgleich zu schaffen - zwischen privaten und staatlichen Interessen, Arbeitnehmern und Arbeitgebern, dem Bund und der regionalen Ebene. Es ist nicht nur Einvernehmen zwischen den Sozialpartnern zu erzielen, sondern es bedarf auch der Mitwirkung der Kultusministerien der *Länder*, die als Aufsichtsbehörden über die *Berufsschulen* die Leitlinien des die betriebliche Ausbildung begleitenden Unterrichts festlegen, sowie einer minuziösen Ausarbeitung der Inhalte und des Ablaufs der betrieblichen Ausbildung unter Mitwirkung von Fachleuten des *Bundesinstituts für Berufsbildung* (BIBB).

Ungeachtet dieser Komplexität sollte man das Wesentliche nicht aus den Augen verlieren, nämlich daß die Initiative zur Novellierung einer *Ausbildungsordnung* und der Inhalt selbst des neues Berufsbildes von der Übereinstimmung der Tarifparteien abhängig ist. Es ist leicht verständlich, daß die Arbeitnehmerorganisationen für die Polyvalenz plädieren, wollen sie doch ihren Mitgliedern eine individuelle Mobilität ohne Dequalifizierung sichern und außerdem den beruflichen Status durch eine Erhöhung des Ausbildungsniveaus verbessern. So kann es auch nicht überraschen, daß bei der Revision zahlreicher *Ausbildungsordnungen* (nach Inkrafttreten der zur Zeit im Erlaßverfahren befindlichen Regelungen werden 246 der 374 Ausbildungsberufe neu geordnet sein, also seit 1969 2/3 der Gesamtzahl[9]) Elemente der Polyvalenz einbezogen werden konnten - und dies sogar auf Betreiben der Tarifparteien.

1. Die Bauwirtschaft

Die ersten und spektakulärsten Veränderungen vollzogen sich in der Bauwirtschaft. Die 1974 erlassene Neuordnung der Ausbildungen ist noch heute die einzige, bei der die Mehrzahl der Berufe innerhalb einer Branche aus dem handwerklichen und dem industriellen Bereich in ein gemeinsames System integriert wurden. Die Reform sah eine zunehmende Spezialisierung in drei Etappen vor. Das erste Ausbildungsjahr ist der beruflichen Grundbildung vorbehalten. Erst im zweiten Ausbildungsjahr erfolgt eine Unterteilung in drei Schwerpunkte (Tiefbau, Hochbau, Ausbau). An eine erste Prüfung schließt sich eine spezialisierte Ausbildung in einem der 14 Fachberufe an. Dies ist dann die Endphase der Ausbildung, die 9 Monate dauert und mit der Abschlußprüfung beendet wird (vgl. Abbild. 4). Die Prüfung nach dem zweiten Ausbildungsjahr bewirkt eine Selektion, womit das System also dem Konzept einer *Stufenausbildung* entspricht.

---

wurde bereits eine größere Polyvalenz bei deutschen Facharbeitern im Vergleich zu französischen festgestellt.

[9] Die hier genannten Zahlen (die vom Bundesministerium für Bildung und Wissenschaft stammen, Berufsbildungsbericht 1992. Bad Honnef 1992, S. 91) betreffen Berufe mit voller Qualifizierung ('gelernt' und nicht 'angelernt'), die nach den geltenden Vorschriften eine Ausbildung von mehr als zweijähriger Dauer beinhalten. Heute werden fast 96 % der Auszubildenden in novellierten Ausbildungsberufen ausgebildet.

Stufenausbildung für vierzehn Bauberufe

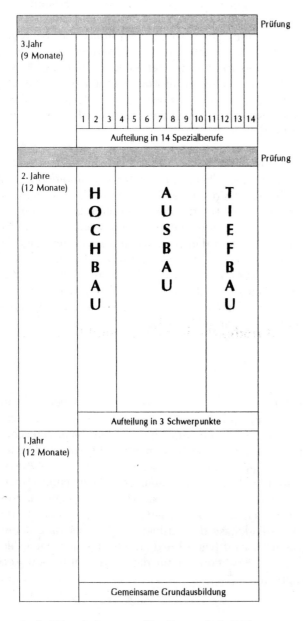

3.Jahr
(9 Monate)

Prüfung

1 2 3 4 5 6 7 8 9 10 11 12 13 14

Aufteilung in 14 Spezialberufe

Prüfung

2. Jahre
(12 Monate)

HOCHBAU AUSBAU TIEFBAU

Aufteilung in 3 Schwerpunkte

1.Jahr
(12 Monate)

Gemeinsame Grundausbildung

1. Maurer
2. Beton- und Stahlbetonbauer
3. Feuerungs- und Schornsteinbauer
4. Zimmerer
5. Betonstein- und Terrazzohersteller
6. Stukkateur
7. Fliesenleger
8. Estrichleger
9. Isolierer, Isoliermonteur
10. Trockenbaumonteur
11. Straßenbauer
12. Rohrleitungsbauer
13. Kanalbauer
14. Brunnenbauer

Quelle: W.Streeck : Steuerung und Regulierung...., Berlin 1987

Parallel dazu beschritt die Bauwirtschaft noch in einem anderen Bereich Neuland, indem sie ein System der Umlagefinanzierung der Ausbildungskosten einführte, während gleichzeitig die Spitzenverbände der Arbeitgeber die ebenfalls in diese Richtung zielenden Vorschläge der SPD/FDP-Regierung formell zurückwiesen. In einer Branche mit vielen kleinen Betrieben sahen die Arbeitgeber jedoch keine andere Möglichkeit, die sich aus der Stufenausbildung ergebenden Konsequenzen aufzufangen. Mit einem Umlagesystem lassen sich nämlich überbetriebliche Ausbildungsstätten rasch und in großer Zahl einrichten und betreiben. Nur in solchen Zentren kann die gemeinsame Grundausbildung durchgeführt werden. Durch die von den Sozialkassen der Branche eingezogenen und verwalteten Finanzmittel kann den Arbeitgebern ein Teil der durch die Reform verursachten Einbußen ersetzt werden. Im ersten Ausbildungsjahr leistet der Auszubildende tatsächlich nur noch einen sehr geringen Beitrag zur Produktion, denn zwischen überbetrieblichem Ausbildungszentrum und *Berufsschule* verbleiben ihm kaum mehr als 6 Wochen im Ausbildungsbetrieb.

Obwohl die Reform erhebliche Belastungen mit sich brachte, ist es verständlich, daß die Arbeitgeber in der Bauwirtschaft Interesse an der Polyvalenz und überbetrieblichen Ausbildungsstätten entwickelten. Die ausgeprägte Spezialisierung der einzelnen Bauberufe war schon immer schwer zu vereinbaren mit der Tatsache, daß auf einer Baustelle Angehörige verschiedener Berufe flexibel zusammenarbeiten müssen. Da außerdem manchmal nur eng spezialisierte Arbeiten ausgeführt werden und die Abhängigkeit von Witterungsbedingungen sehr groß ist, war eine alle Vorgaben des Ausbildungsplans berücksichtigende Ausbildung auf der Baustelle schwierig durchzuführen. Für ein überbetriebliches Finanzierungssystem sprach außer den schon genannten Gründen auch die hohe Fluktuationsrate der Arbeitskräfte, die es einem einzelnen Betrieb meist nicht erlaubte, seine Ausbildungskosten zu amortisieren. Und schließlich herrschte Anfang der 70er Jahre ein gravierender Mangel an Lehrstellenbewerbern, der die in dieser Branche traditionell kooperativen Sozialpartner auf den Plan rief, um dieser Krise gemeinsam zu begegnen.[10]

2. Die Neuordnung der industriellen Metall- und Elektroberufe

Bei den Metall- und Elektroberufen der Industrie stellte sich die Situation anders dar. Das Verhältnis der Tarifparteien in diesem Sektor war schon immer eher gespannt, und so vertraten sie zunächst gegensätzliche Positionen in zwei grundlegenden Fragen. Die IG Metall wollte über eine Stufenausbildung nach dem Vorbild der Bauwirtschaft nicht diskutieren, da bei einer solchen Regelung ein Teil der Auszubildenden den kompletten Abschluß nicht erreicht hätte, was einen niedrigeren beruflichen Status bedeuten würde. Auch bestanden grundsätzliche Meinungsverschiedenheiten hinsichtlich der Einschätzung des zukünftigen Qualifikationsbedarfs. Die Arbeitgeber sahen eine Differenzierung und teilweise Dequalifizierung voraus und forderten daher - in Opposition zu den Gewerkschaften - eine sehr starke Spezialisie-

---

[10] Vgl. zu dieser Analyse Wolfgang Streeck u.a., Steuerung und Regulierung der beruflichen Bildung, Die Rolle der Sozialpartner in der Ausbildung und beruflichen Weiterbildung in der Bundesrepublik Deutschland. Berlin 1987.

Abbild. 5

Neuordnung der Ausbildungsberufe in der Metallindustrie

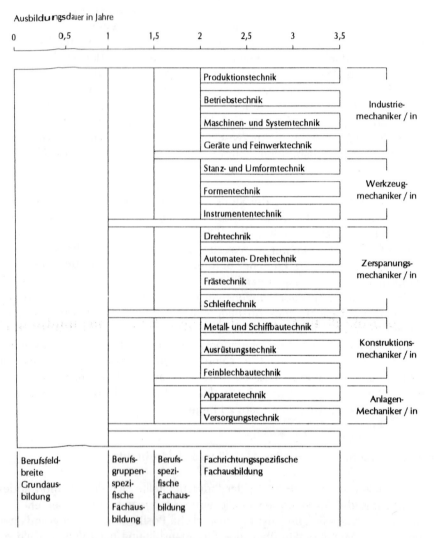

Quelle : IG Metall (Hrsg): Neue Berufe, anders Lernen, Schriftenreihe der IG Metall,

Heft 111. Frankfurt 1981, S. 21

Neuordnung der Ausbildungsberufe in der Elektroindustrie

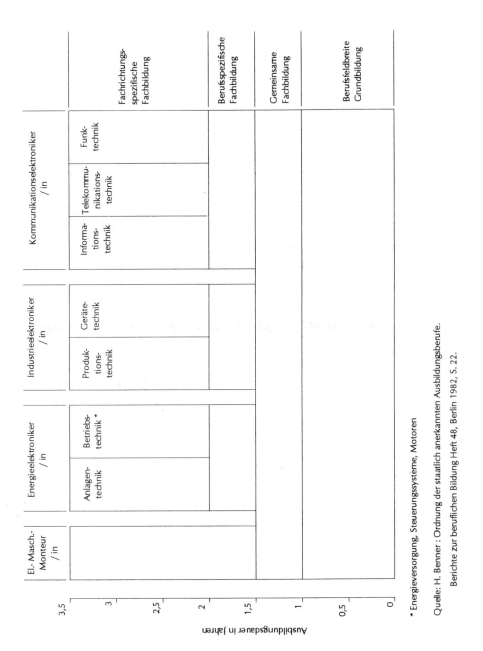

* Energieversorgung, Steuerungssysteme, Motoren

Quelle: H. Benner : Ordnung der staatlich anerkannten Ausbildungsberufe.
Berichte zur beruflichen Bildung Heft 48, Berlin 1982, S. 22.

rung. Um so höher einzuschätzen ist die Einigung, die schließlich nach äußerst schwierigen Verhandlungen erzielt wurde.

Um die industriellen Metallberufe, deren Regelungen aus den 40er, teils sogar aus den 30er Jahren stammten, wurden langwierige und schwierige Verhandlungen geführt. Sie begannen 1975, führten erst Ende 1978 zu einer prinzipiellen Übereinkunft, und die neuen *Ausbildungsordnungen* traten schließlich erst 1987 (!) in Kraft. Doch ist das Ergebnis darum nicht weniger bemerkenswert, geht es doch weit über den kleinsten gemeinsamen Nenner der Anfangspositionen hinaus. Es blieb zwar eine ziemlich weite Auffächerung der Fachrichtungen erhalten, was belegt, daß die Tarifparteien einen Kompromiß schlossen; doch was die eigentliche Struktur der Ausbildungen betrifft, wäre eine Verständigung undenkbar gewesen, hätten die Metallarbeitgeber nicht ihre Strategie geändert und beschlossen, auf breitere Qualifikationen zu setzen.

Dieser Weg kann eindeutig als Entscheidung gegen den Taylorismus gewertet werden: Die Arbeitgeber müssen künftig dafür sorgen, daß in der Ausbildung neben der einfachen Ausführung der Arbeitsaufgaben die Fähigkeit zum Analysieren, zum Planen und zum Überwachen der Produktionsvorgänge entwickelt wird. Anders ausgedrückt werten die neuen Berufsbildern selbständiges und eigenverantwortiches Handeln am Arbeitsplatz auf. Die Gewerkschaftsvertreter akzeptieren diese Zielsetzung bereitwillig, da sie sich von ihr mehr Arbeitsplatzstabilität, geringere Risiken beim Arbeitsplatzwechsel und auch mehr Durchsetzungsvermögen der Arbeitnehmer bei der Einforderung eines Mitbestimmungsrechts bei der Entscheidung über die Arbeitstechniken und die Arbeitsorganisation versprechen.

Unabhängig von den teils divergierenden Interessen, die die Sozialpartner zur Einigung auf die neue Formel veranlaßten, liest sich die Definition der Facharbeiterqualifikation im Ergebnisprotokoll der 'Eckdaten-Verhandlung' von 1978 wie ein Manifest für die Polyvalenz. In diesem Papier werden die Ziele der Facharbeiterausbildung wie folgt definiert:

– "in unterschiedlichen Betrieben und Branchen den erlernten Beruf auszuüben sowie - ggf. nach Aneignung fehlender Fertigkeiten - artverwandte Facharbeitertätigkeiten ausführen zu können,

– sich auf neue Arbeitsstrukturen, Produktionsmethoden und Technologien flexibel einstellen zu können mit dem Ziel, die berufliche Qualifikation zu erhalten,

– an Maßnahmen der Weiterbildung, Fortbildung und Umschulung teilnehmen zu können, um die berufliche Qualifikation und Beweglichkeit zu sichern."[11]

Auf dieser Basis führte die Umgestaltung der Berufe zu einer Ausbildung mit fortschreitender Spezialisierung, die aber - im Gegensatz zur Bauwirtschaft - keine selektive Zwischenprüfung kennt. An eine gemeinsame Grundausbildung von einem

---

[11] Zitiert nach Karlwilhelm Stratmann / Manfred Schlösser, Das duale System der Berufsbildung. Eine historische Analyse seiner Reformdebatten. Frankfurt/M. 1990, S. 261.

Jahr schließt sich eine etwas spezialisiertere berufsgruppenspezifische Ausbildungs-
phase von 6 Monaten an (so gibt es z.B. gemeinsame Inhalte für die Gruppen Indu-
striemechanik, Werkzeugmechanik, Konstruktionsmechanik und Anlagenmechanik).
In der dritten ebenfalls 6monatigen Phase erfolgt eine berufsspezifische Fachausbildung für jeden der 6 Metallberufe. Den Abschluß bildet eine letzte fachrichtungs-
spezifische Spezialisierung in den verbleibenden 1 1/2 Jahren der Ausbildungszeit.
Die vormals 37 *Monoberufe* wurden durch 6 Berufe mit breitem Qualifikationsprofil
ersetzt, die - mit Ausnahme des Berufs Kraftfahrzeugmechaniker/-in - 3 oder 4 Fachrichtungen beinhalten. Selbst wenn man, wie die Arbeitgeberschaft, berücksichtigt,
daß als eigentliches Berufsprofil die Fachrichtung der letzten 18 Monate der Ausbildung erworben wird und nicht der Beruf im weiteren Sinne, ist der Zugewinn an
Polyvalenz augenfällig, da die Zahl der Spezialisierungen von 37 auf 17 gesenkt
werden konnte (siehe Abbild. 5). Es verbleiben aber noch 14 *Anlernberufe* mit
2jähriger Ausbildungsdauer, die durch die Reform nicht tangiert wurden.

Nachdem so mit dem Ergebnisprotokoll von 1978 ein Vorstoß gemacht worden
war, konnten die für die industriellen Metallberufe erarbeiteten Grundlagen rasch auf
die industriellen Elektroberufe übertragen werden, die denselben Arbeitgeber- und
Arbeitnehmerverbänden unterstellt sind. Die ebenfalls 1987 erlassenen *Ausbildungsordnungen* entsprechen dem in der Metallindustrie angewandten Prinzip: Die vormals 12 Monoberufe wurden durch 3 Berufe mit insgesamt 8 Fachrichtungen abge-
löst (siehe Abbild. 6).

Die handwerklichen Metall- und Elektroberufe

Bald knüpfte schließlich das Handwerk für die Metallberufe und die Elektrotechnik an die Lösungen der Industrie an. Die Neuordnung der Berufe verlief hier weniger radikal; sie fällt eigentlich kaum ins Gewicht (Reduzierung der Metallberufe von
19 auf 17, keine Veränderung der Zahl der Berufe im Elektrobereich). Dies erklärt
sich aus der Tradition und dem Zwang, die in der Handwerksordnung verzeichnete
Berufsliste zu respektieren, falls man sie nicht durch einen gesetzgeberischen Akt
verändern wollte. Wesentlich ist jedoch die Einführung einer gemeinsamen Grundausbildung und fortschreitenden Spezialisierung, Elemente, mit denen eine beträchtliche Modernisierung erreicht wurde. Hierbei ist darauf zu verweisen, daß der durch
Marktmechanismen geregelte Zugang zur betrieblichen Ausbildung die Verbreitung
der Polyvalenz in diesem Zusammenhang außerordentlich begünstigte. Angesichts
der demographischen Situation ließen sich die Arbeitgeber von der Opportunität
einer Reform von zwei Argumenten überzeugen: Die Befürchtung, daß 'ihre' Ausbil-
dungsplatzbewerber von anderen, bereits neugeordneten und deshalb attraktiveren
Branchen abgeworben werden könnten, schlug dabei mindestens ebenso zu Buche
wie die Einsicht in die Erfordernisse der technischen Entwicklung. Die Konkurrenz,
besonders der industriellen Berufe, übte eine Art von Nachzieheffekt[12] aus.

---

[12] Vgl. zu dieser Analyse Stratmann / Schlösser, a.a.O. und Ernst Neumann, „Neuordnung der Berufsausbildung in den Metall- und Elektroberufen". In: Berufsbildung, 45 (1991) 7/8.

Abbild. 7

Neuordnung der handwerklichen Metallberufe

Ausbildungsdauer in Jahren

0	0,5	1	1,5	2	2,5	3	3,5

Feinwerktechnik

Ausbildungsinhalt	Beruf
Allg. Maschinenbau / Waagenbau / Erzeugende Mechanik	Maschinenbaumechaniker (- in)
Feingerätebau / Nähmaschineninstandhaltung	Feinmechaniker (- in)
Stanzwerkzeug- und Vorrichtungsbau / Formenbau	Werkzeugmacher (- in)
	Dreher (- in)
	Büchsenmacher (- in)
	Chirurgiemechaniker (- in)

Baumetall und Installationstechnik

Ausbildungsinhalt	Beruf
Schneidewerkzeug- und Schleiftechnik / Schneidemaschinen- u. Messerschmiedetechnik	Schneidewerkzeug - mechaniker (- in)
	Kupferschmied (- in)
	Klempner (- in)
	Gas- und Wasserinstallateur (- in)
	Zentralheizungs- und Lüftungsbauer (- in)
Konstruktionstechnik / Metallgestaltung / Anlagen- und Fördertechnik / Landtechnik / Fahrzeugbau	Metallbauer (- in)

Fahrzeugtechnik

Ausbildungsinhalt	Beruf
Karosseriebau / Fahrzeugbau	Karosserie- und Fahrzeugbauer (- in)
	Landmaschinenmechaniker (- in)
Personenkraftwageninstandhaltung / Nutzkraftwageninstandhaltung / Kraftradinstandhaltung	Kraftfahrzeugmechaniker (in)
	Zweiradmechaniker (- in)
	Kraftfahrzeugelektriker (- in)

Berufliche Grundbildung | Berufliche Fachausbildung

Quelle : K. Stratmann / M. Schlösser : Das duale System der Berufsbildung. Frankfurt/M. 1990, S. 273

46

Neuordnung der handwerklichen Elektroberufe

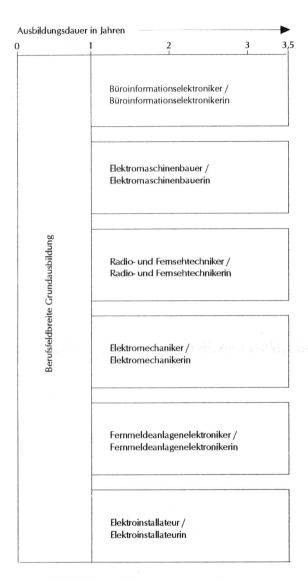

Quelle: IG Metall (Hrsg.), Elektrohandwerk - Neue Berufe.
Arbeitshilfen, Heft 2. Düsseldorf 1988, S. 9

Die Entwicklung in den Dienstleistungs- und Büroberufen zeigt deutlich, daß die in der Bauwirtschaft und dem Metallbereich in Gang gekommenen Tendenzen sich allmählich auf die ganze Wirtschaft ausbreiten. Angesichts der raschen technologischen Fortentwicklung, die sogar bei teils ziemlich neuen Berufsbildern[13] Novellierungen erforderlich macht, werden von der Wirtschaft Qualifikationsmuster festgelegt, die durch ein breiteres Profil und ein bereits integriertes Adaptationspotential gekennzeichnet sind. Besonders charakteristisch sind die Formulierungen im Ergebnisprotokoll zur Neufassung der *Ausbildungsordnungen,* auf das sich Arbeitgeber und Gewerkschaften im Mai 1988 verständigten: Es sind dort berufliche Kompetenzen aufgeführt (Kenntnisse und methodisches Wissen), aber auch persönliche und soziale Kompetenzen, wobei nur deren Verbindung eine autonome Wahrnehmung der Berufsaufgaben ermöglicht. Aus dem Wert, der jenen Faktoren beigemessen wird, die Soziologen und Pädagogen als 'extrafunktionale Kenntnisse', 'fachübergreifende Qualifikationen' oder häufiger noch 'Schlüsselqualifikationen' bezeichnen, ist klar ersichtlich, daß man dem tayloristischen Vorgehen den Rücken gekehrt hat und nun zum Erreichen maximaler Produktivität auf die Polyvalenz setzt.

Die in Frankreich von manchen vorgebrachte und immer wieder bereitwillig aufgenommene Einschätzung, wonach das duale System der Bundesrepublik durch eine starke berufliche Spezialisierung zunächst handwerklicher und dann tayloristischer Prägung gekennzeichnet sei, wird also nicht nur durch die institutionelle Logik widerlegt, sondern ebenso durch die Analyse der konkreten Berufsinhalte.

Diese Entscheidung für die Polyvalenz, die in der Perspektive der Reorganisation der Industriearbeit von besonderer Bedeutung ist, erlaubt überdies auch eine Bekräftigung des Konsenses zwischen den Sozialpartnern, der im Laufe der 70er Jahre stark erschüttert worden war. Zieht man in Betracht, wie eminent wichtig dieser Konsens für das Funktionieren des dualen Systems ist, dann kann man sogar sagen, daß die Anfang der 80er Jahre einsetzende Novellierung der Berufsprofile einen ganz wesentlichen Anteil daran hatte, daß das deutsche Modell der Berufsbildung seine Stabilität und Legitimation zurückgewinnen konnte.

Es darf aber nicht vergessen werden, daß das gestiegene Niveau der beruflichen Bildung und die Erweiterung der Qualifikationsprofile von den Betrieben verstärkte Anstrengungen verlangen. Auch hielten die neuen Berufsprofile einige Betriebe vom weiteren Ausbilden ab. Für die kleinen und mittleren Unternehmen, die nicht alle erforderlichen technischen Einrichtungen besitzen, können überbetriebliche Ausbildungsstätten die Lösung sein. Deren Zahl konnte in den vergangenen Jahren erheblich erhöht werden, besonders dank der staatlichen Unterstützung[14].

---

[13] Die Ausbildungsordnungen der wichtigsten Verwaltungs- und Handelsberufe waren Ende der 70er und Anfang der 80er Jahre revidiert worden.
[14] Es bestehen zur Zeit 600 solcher Zentren. Sie unterstehen i.d.R. den Kammern oder den Arbeitgeberverbänden, können aber staatliche Zuschüsse erhalten, falls die Gewerkschaften an ihrer Trägerschaft beteiligt sind. Vgl. hierzu Wolf-Dietrich Greinert, Das duale System der Berufsausbildung in der Bundesrepublik Deutschland, Struktur und Funktion. Eschborn 1992.

V

Kosten und Finanzierung der Ausbildung im dualen System

Die Dualität des Systems mit seiner Verbindung von Unterricht in der *Berufs-schule* und betrieblicher Ausbildung findet sich auch in der Finanzierung wieder, an der der Staat und die Unternehmen beteiligt sind. In diesem gemischten Finanzierungssystem trägt allerdings der Betrieb den bei weitem größten Kostenanteil.

Aufteilung der Ausbildungskosten

Im Rahmen der sich bis zum 16. Lebensjahr erstreckenden Schulpflicht und des über dieses Alter hinaus bestehenden Rechts jedes Auszubildenden, während der gesamten Ausbildungszeit an allgemeinbildendem Unterricht teilzunehmen (Gesetz von 1969), sind die Kosten des Schulunterrichts natürlich vom Staat zu tragen, also von den *Ländern*, denen infolge des Bildungsföderalismus die alleinige Zuständigkeit in diesem Bereich zukommt.

Logischerweise hat umgekehrt der Ausbildungsbetrieb für seine Kosten aufzukommen und diese voll zu tragen - mit Ausnahme einiger Sonderfälle (Jugendliche, die 'Problemgruppen' angehören und spezielle Hilfen für kleine und mittlere Unternehmen zur Einrichtung von überbetrieblichen Ausbildungsstätten). Der Tatsache entsprechend, daß die Betriebe nicht zum Ausbilden verpflichtet sind, erfolgt auch die Finanzierung der Ausbildung auf strikt freiwilliger Basis; es gibt keine kollektiven oder parafiskalischen Finanzierungsmechanismen.

Da die Kosten von den Betrieben freiwillig und in vollem Umfang getragen werden, lassen sich die gesamten Aufwendungen der deutschen Unternehmen für die berufliche Erstausbildung nur schwer beziffern (dieses Problem besteht auch bei der beruflichen Weiterbildung, die auf dem gleichen Prinzip beruht). Es gibt nur Befragungen der Betriebe und von den Kammern oder Arbeitgeberverbänden alle 2 oder 3 Jahre vorgenommene Schätzungen. Das Bundesinstitut für Berufsbildung (BIBB) führt gegenwärtig eine systematische bundesweite Untersuchung zur Ausbildungsleistung der Wirtschaft durch, die jedoch noch nicht abgeschlossen ist.

Die Frequenz und die Charakteristika der jeweiligen Ausbildungsabschnitte erlauben aber die Erstellung eines Verteilungsschlüssels für den globalen bundesweiten Kostenaufwand. In der Regel wird ein Drittel der Ausbildungszeit in der *Berufsschule* verbracht, und da der schulische Unterricht allgemeinbildend und stärker theoriebezogen ist, ergeben sich hier durchschnittlich geringere Sach- und Unterhaltskosten als bei der technischen Ausbildung im Betrieb. Daher stehen die finanziellen Leistungen des Staates und der Unternehmen global im Verhältnis von ca. 1 zu 5.

Nach den neuesten verfügbaren Schätzungen brachten die (west-)deutschen Betriebe 1991 für die berufliche Erstausbildung 29,3 Mrd. DM (100 Mrd. FF) auf, was 1,12 % des BSP entspricht. Die Ausgaben des Staates (*Länder* und Gemeinden) für das berufliche Schulwesen beliefen sich in jenem Jahr auf 9,3 Mrd. DM[1], d.h. etwas mehr als 21 % der Gesamtkosten der beruflichen Erstausbildung. Die jährlichen durchschnittlichen Ausbildungskosten pro Auszubildendem betrugen 1991 ca. 22 000 DM, wovon 18 000 DM auf den Betrieb und 4 000 DM auf die öffentliche Hand entfielen.

Die staatliche Finanzierungsleistung

Für den schulischen Teil der Ausbildung, für den allein die *Länder* zuständig sind, kommen die regionalen und lokalen Gebietskörperschaften gemeinsam auf. Das Kultusministerium des jeweiligen *Landes* übernimmt die Besoldung (und Pensionen) der Lehrkräfte an den *Berufsschulen* ganz und ist beteiligt an der Finanzierung der Ausstattungs- und Unterhaltskosten der Schulen, die in erster Linie Sache der Kommunen und/oder der Kreise ist. Die Kostenbeteiligung des *Landes* errechnet sich nach den Schülerzahlen.

Diese direkte Zuständigkeit der Gebietskörperschaften für die Ausstattung und den Unterhalt der Schulen hat sich bewährt; allerdings ist die Situation in Ballungsgebieten weniger günstig, da dort beträchtliche finanzielle Belastungen entstehen. Ernsthafte Schwierigkeiten erwachsen jedoch aus den regional (auf Länderebene) zungunsten des beruflichen Schulwesen gefaßten Haushaltsbeschlüssen: Es fehlt den Schulen an Planstellen, vor allem sind die Stellen immer schwerer zu besetzen, denn der Status der Berufsschullehrer müßte aufgewertet werden.

Unabhängig von der direkten finanziellen Verantwortung für den schulischen Teil der Ausbildung beteiligt sich der Staat auch in Form verschiedenartiger zusätzlicher Fördermaßnahmen am Kostenaufwand der beruflichen Erstausbildung. Zum einen kommt die Unterstützung den Betrieben zugute und dient der Verbesserung des bestehenden Ausbildungsapparates. In diesem Zusammenhang können kleinen und mittleren Betrieben Zuschüsse zur Errichtung von überbetrieblichen Ausbildungsstätten gewährt werden (über das Bundesministerium für Bildung und Wissenschaft, BMBW, wurden so 1990 117 Mio. DM zur Verfügung gestellt) oder es kann die Schaffung von Ausbildungsplätzen bzw. die Durchführung von Lehrgängen im Handwerk subventioniert werden (ca. 68 Mio. DM wurden hierfür den kleinen und mittleren Betrieben über das Wirtschaftsministerium bereitgestellt). Zum anderen ist eine individuelle Förderung der Auszubildenden möglich (Erstattung von Internats-

---

[1] Vgl. Bundesministerium für Bildung und Wissenschaft, Berufsbildungsbericht 1992. Bad Honnef 1992, S. 160.

und Fahrtkosten) und die Unterstützung Jugendlicher in Problemsituationen durch Ausbildungsbeihilfen im Rahmen der Eingliederungsprogramme der Bundesanstalt für Arbeit. In den alten Bundesländern wurde hierfür 1991 insgesamt 1 Mrd. DM ausgegeben.

Die betriebliche Finanzierungsleistung

Der Betrieb trägt die sich aus seiner Ausbildungsaktivität ergebenden Kosten in vollem Umfang selbst. Der Gesamtaufwand läßt sich in folgende Bereiche mit jeweils abnehmender Belastung unterteilen:

1. Die Vergütung der Auszubildenden

Sie ist im Branchentarifvertrag festgelegt und je nach Sektor unterschiedlich bemessen. Auch steigt die Ausbildungsvergütung im Verlauf der Ausbildung. Im Mittel aller Ausbildungsbereiche und -jahre betrug sie 1991 838 DM. Dabei reicht die Spannbreite von 503 DM für einen Friseurlehrling bis zu 959 DM für einen Schlosserlehrling in der Industrie, 1 240 DM für einen Auszubildenden im Versicherungswesen und 1 322 DM für einen Maurerlehrling. Das durchschnittliche Lohnniveau einer Branche (die Lehrlingsvergütung beträgt 30 bis 40 % des üblichen Grundgehalts) ist dabei ebenso von Bedeutung, wie die Zahl der Bewerber um Ausbildungsplätze in weniger attraktiven Branchen, die mit höheren Vergütungen einen Anreiz bieten wollen, so wie dies in der Bauwirtschaft gehandhabt wird. Die Vergütungen steigen pro Ausbildungsjahr um ca. 10 %; Auszubildende über 18 Jahren erhalten manchmal noch Zulagen. Die Lehrlingsvergütungen werden als normale Personalkosten betrachtet und unterliegen den üblichen Sozialabgaben (ca. 38 % des Grundgehalts), die sich in der Bundesrepublik Arbeitgeber und Arbeitnehmer teilen. Die Sozialabgaben einbezogen, machen die Lehrlingsvergütungen durchschnittlich die Hälfte der betrieblichen Ausbildungskosten aus. In den Handels- oder Dienstleistungsberufen, bei denen für Ausstattung und Material geringere Kosten anfallen als in der Industrie und wo die Auszubildenden aufgrund ihres höheren Bildungsniveaus oftmals besser bezahlt werden (in vielen Fällen sind es überwiegend Abiturienten), können die Ausbildungsvergütungen bis zu 75 % der Ausbildungskosten betragen.

2. Die Vergütung der betrieblichen Ausbilder

Hierbei handelt es sich fast ausschließlich um die Vergütung der hauptamtlichen Ausbilder; die nebenamtlich tätigen erfüllen ihre Funktion allgemein im Rahmen ihres primären Aufgabenbereichs, ohne dafür Sonderzuwendungen zu erhalten (ihre Ausbildungstätigkeit wird aber manchmal bei der Beförderung berücksichtigt).

Beim Gehalt der hauptamtlichen Ausbilder schlägt zu Buche, daß sie eine spezielle und anerkannte Qualifikation vorweisen können, die auf ihren Fertigkeiten und Kenntnissen sowie auf einer mindestens 5jährigen Berufserfahrung als Meister beruht und durch ein Eignungszeugnis belegt wird. Die Ausbildergehälter sind ebenfalls tarifvertraglich festgelegt und bewegen sich, die Sozialabgaben abgerechnet, zwischen 4 000 und 5 000 DM. Dies entspricht dem Niveau der Bezüge der beamteten Lehrkräfte der Berufsschulen, die jedoch zumeist eine Hochschulausbildung haben und weniger Stunden ableisten müssen (22 bis 24 Wochenstunden). In den Großunternehmen erhalten Ausbilder, die Koordinierungsfunktionen erfüllen, allerdings erheblich höhere Gehälter, womit sie das höchstmögliche Lohnniveau eines Meisters erreichen und mehr als 6 000 DM verdienen können (ohne übertarifliche Zulagen). Für die Betriebe kommen zu diesen Nettogehältern die üblichen Sozialabgaben hinzu. Die Ausbildervergütungen machen im Durchschnitt 20 % der Ausbildungskosten aus.

3. Der Sachaufwand

Die hierzu zählenden Kosten, d.h. Ausgaben für die Bereitstellung der Örtlichkeiten, die Ausstattung (Maschinen und Werkzeuge), die Versorgung mit Energie und Rohmaterialien sowie verschiedene allgemeine Unkosten (Unterhalt, Instandhaltung, Verwaltung) stellen die verbleibenden 30 % des Gesamtaufwands dar. Bei Ausbildungen in den industriellen 'Spitzenbranchen' mit hochentwickelten Technologien (CNC-Maschinen, CAM, automatisierte Abläufe) entfällt auf die Posten maschinelle Ausstattung, Instandhaltung und Energie- sowie Materialbereitstellung ein wesentlich höherer Anteil, sogar bis über 40 %. Im tertiären Sektor sind diese diversen Ausbildungskosten deutlich niedriger und die Ausgaben insgesamt sehr viel geringer (um bis zu 30 %).

Tabelle 4
Beispiele für den Kostenaufwand pro Auszubildendem (1990)

Bosch (Elektrotechnik)
technische und industrielle Berufe: 34.800 DM
Handelsberufe: 28.600 DM

Bayer (Chemie)
Berufe der Bereiche Chemie und Biologie: 33.000 DM
technische Berufe: 41.100 DM
Handelsberufe: 23.300 DM
Durchschnittskosten: 36.500 DM

Deutsche Bank
Bankberufe: 28.000 DM im Durchschnitt
(davon 19.000 DM für die Vergütung der Auszubildenden,
die zu 75 % Abiturienten sind)

Je nach Zahl der Auszubildenden (ihrem Anteil an den Beschäftigten insgesamt) betragen die Kosten der Erstausbildung zwischen 2,5 und 5 % der Lohnsumme. Die Bayer AG beispielsweise beschäftige 1990 bei 63 568 Mitarbeitern 4 103 Auszubildende (ein Anteil von 6,45 %); die Kosten der Erstausbildung beliefen sich auf 2,8 % der Personalkosten insgesamt (einschließlich Betriebsrenten). Bei der Deutschen Bank, die die höchste Ausbildungsquote der Bundesrepublik erreicht (11 % der Beschäftigten!), machen die Kosten der Erstausbildung 5 % der Personalkosten aus.

Die Produktivleistung des Auszubildenden

Die Summe dieser Kosten wird in der Bundesrepublik als Bruttoaufwand für die Ausbildung bezeichnet, von dem die Produktivleistung abzurechnen ist, die die Auszubildenden erbringen, vor allem im zweiten Ausbildungsabschnitt, in dem sie schrittweise Arbeitsplätzen zugewiesen werden (in Großbetrieben allgemein vom dritten Jahr ab, in kleinen und mittleren Unternehmen, dem Handwerk und dem tertiären Sektor früher, meist vom zweiten Jahr ab).

Natürlich ist dieser produktive Beitrag schwer zu bewerten, variiert er doch je nach Art der Ausbildung und Leistungsprofil des Auszubildenden, nach Sektor und Betriebsgröße. Er ergibt sich generell hauptsächlich aus der vom Auszubildenden am zugewiesenen Arbeitsplatz effektiv erbrachten Arbeit. Die Produktivleistung kann nicht einfach auf der Basis der entsprechenden Arbeitsstunden errechnet werden, denn man muß die davon auf die Unterweisung entfallende Zeit beim Ausbilder und beim Auszubildenden berücksichtigen, in der die Produktivität vermindert ist.

Dadurch wird aber die Tatsache nicht geschmälert, daß die Auszubildenden in kleinen und mittleren Betrieben und im Handwerk erhebliche produktive Beiträge leisten. In diesen Bereichen werden nach dem ersten Jahr, das der Vermittlung der technischen Grundlagen vorbehalten ist, im wesentlichen nur noch Fertigkeiten „on the job" angeeignet. Die geringere Produktivität des Auszubildenden im Vergleich zum normalen Mitarbeiter wird durch die niedrigere Vergütung mehr als ausgeglichen. Man kann sogar festhalten, daß der Auszubildende während der letzten 2 ½ am Arbeitsplatz verbrachten Jahre seiner Ausbildung für den Betrieb 'durchschnittlich' produktiv ist (ca. 2/3 der gesamten Ausbildungszeit, da er weiterhin an 1 ½ Tagen pro Woche die Schule besucht). Somit ist der Auszubildende 20 der 42 Monate seiner Ausbildung 'durchschnittlich' produktiv.

Zieht man dazu noch in Betracht, daß er in den 12 bis 15 letzten Monaten 'doppelt' produktiv ist, da er ja gewissermaßen die Aufgaben eines Facharbeiters erfüllen kann, aber weniger als die Hälfte dessen Lohnes erhält, läßt sich folgern, daß der Beitrag des Auszubildenden in den letzten 1 ½ Jahren der Ausbildung die gesamten Kosten der ersten 12 Ausbildungsmonate kompensiert - wenn nicht mehr. Folglich erwachsen den kleinen und mittleren Betrieben und dem Handwerk generell keine Kosten bzw. sie erzielen im Endeffekt ein Plus; d.h., der finanzielle Aufwand für einen Auszubildenden wird durch dessen Produktivleistung völlig wettgemacht, wenn sie ihn nicht sogar noch übersteigt.

Die Erklärung liegt hauptsächlich darin, daß die Ausbildung lange genug dauert, um die Ausbildungsinvestition zu sichern und zu 'amortisieren'. Dies bedeutet, die Ausbildung ist so solide, daß sie vom Auszubildenden im Betrieb effizient umgesetzt werden kann. Ähnlich 'rentabel' sind die Ausbildungen im Handel und im tertiären Bereich, wo die Fixkosten nicht so hoch sind und die Auszubildenden ebenfalls recht früh (meist nach der Hälfte der Ausbildungszeit) am Arbeitsplatz eingesetzt werden können.

In den großen Industrieunternehmen ist die Situation weniger günstig; in solchen Firmen ist der Ausbildungsbereich stärker durchorganisiert, die Fixkosten sind eindeutig höher, die Ausbildung technisch viel anspruchsvoller, so daß die Auszubildenden erst viel später in die Ernstsituation geschickt werden können. Dies erfolgt generell erst im Verlauf des dritten Ausbildungsjahres und erstreckt sich höchstens über 12 Monate. Unter diesen Bedingungen kompensiert die Produktivleistung bestenfalls 40 bis 50 % der Bruttokosten der Ausbildung.

Angesichts der hohen Zahlen von in Großunternehmen mit großem finanziellen Nettoaufwand Ausgebildeten (oft mehrere Tausend), achten diese Betriebe zunehmend schärfer auf die effiziente Verwendung der Mittel, die sich vielfach auf über 100 Mio. DM beziffern können (Bosch: 173 Mio. DM, Bayer: 134 Mio. DM im Jahre 1990). Die Ausgaben der Ausbildungsabteilungen (Erstausbildung und Weiterbildung) in den Großunternehmen werden immer strikter kontrolliert. So wurde die zentrale Ausbildungsabteilung von Bosch mit einer Dienststelle zur Überwachung des Ausbildungsmanagements ausgestattet, die im ganzen Konzern ein Augenmerk auf die kostengünstigste Gestaltung der Ausbildung richten soll. Ein deutliches Anzeichen dafür, daß die Ausbildung in den Großbetrieben, die oft Pilotcharakter hat, kostenmäßig allmählich an die Grenzen dessen stößt, was die Unternehmen bei einer sich zunehmend verschärfenden internationalen Konkurrenz noch zu leisten vermögen.

Die Tatsache, daß nur ein Teil der Unternehmen - durchschnittlich 20 bis 25 % - Erstausbildung betreibt, und das für die gesamte Wirtschaft, ist für die Ausbildungsbetriebe immer schwerer zu verkraften. Daher denkt man in Arbeitgeberkreisen über ein System der Umlagefinanzierung innerhalb der Branchen nach, durch das die Ausbildungsbetriebe von einem Fonds profitieren könnten, in den Beiträge der Unternehmen fließen, die sich nicht in der Ausbildung engagieren. Doch diese in bestimmter Form schon in der Bauwirtschaft praktizierte Lösung ist heftig umstritten. Viele Verantwortliche auf Arbeitgeberseite befürchten, eine solche Umlage der Kosten der Erstausbildung könne einer staatlichen oder parafiskalischen Finanzierung Tür und Tor öffnen und die Betriebe dazu verleiten, sich nach und nach von ihrer Verantwortung für die Ausbildung zu lösen.

Aus der dargelegten Kostenanalyse der Ausbildung im dualen Systems der Bundesrepublik läßt sich jedoch eine wesentliche Schlußfolgerung ziehen: Im Gegensatz zur allgemeinen französischen Ansicht ist die betriebliche Ausbildung nicht schon deshalb teurer, weil sie mehr Zeit beansprucht. Im Gegenteil: Je kürzer die betriebliche Phase, um so weniger rentieren sich die Ausgaben. Das liegt zum einen schlicht daran, daß die Fixkosten pro Auszubildenden bezogen auf die Ausbildungszeit anteilsmäßig höher sind, zum anderen die Ausbildung nicht so gut und auch schwieriger amortisierbar ist. In der Ausbildung, wie auch in anderen Bereichen, gibt es keine lohnende Investition zu 'Discountpreisen'. Soll die Ausbildung für den Betrieb nicht nur eine Belastung bedeuten und dem Jugendlichen wirklich eine Qualifizierung sichern, muß der betriebliche Anteil an der Ausbildung also hinreichend ausgedehnt sein. Unterhalb eines bestimmten Limits, als das in der Bundesrepublik 2/3 einer mindestens 2jährigen Ausbildung gelten (das bei Lehrlingen mit Abitur angewandte Modell) vermittelt eine duale Ausbildung eher eine Einführung ins Erwerbsleben (was an sich nicht nutzlos wäre, im Hinblick auf die Berufsqualifizierung aber wenig zweckdienlich), als eine wirkliche Berufsausbildung. Es liegt wohl an diesem Aspekt, daß man in Frankreich - vom Standpunkt des Betriebes aus - die Ausbildung eher als eine 'Sozialleistung' betrachtet, die legitimerweise durch Steuerbefreiungen kompensiert werden sollte, denn als eine echte Investition, deren Amortisation und Ertrag es durch eine effiziente Durchführung zu erwirtschaften gilt.

Die indirekte Rentabilität der Investition in die Ausbildung

Außer dem rechnerischen Ansatz zur Quantifizierung der Nettokosten der Ausbildung ist auch eine 'ökonomische' Bewertung der Ausbildungsinvestition vorzunehmen, bei der die 'Opportunitätseffekte' für den Betrieb berücksichtigt werden. Diese sind zwar eindeutig schwerer meßbar, verdienen aber Beachtung:

1. Die Rentabilität der Ausbildungsinvestition ist auf der Grundlage der Beschäftigungsdauer der Auszubildenden im Betrieb nach Ausbildungsabschluß zu kalkulieren. Im allgemeinen werden die Auszubildenden zu 75 bis 80 % weiterbeschäftigt. Auch verbleiben die Jugendlichen meist mehrere Jahre im Betrieb, da die duale Ausbildung integrierend und sozialisierend wirkt. Die Dauer des Verbleibs differiert natürlich je nach Beruf, Qualifikationen und Betrieb. Im tertiären Sektor ist die Fluktuation stärker, besonders bei den Abiturienten, die oftmals ein Studium aufnehmen möchten (was übrigens nicht bedeuten muß, daß die Jugendlichen definitiv aus dem Unternehmen ausscheiden) oder versuchen, ihre berufliche Situation durch Mobilität zu verbessern. Auch in den kleinen und mittleren Industriebetrieben ist die Fluktuationsrate relativ hoch. In den Großunternehmen hingegen ist die Fluktuation sehr gering; die Beschäftigungsdauer beträgt hier durchschnittlich 10 bis 12 Jahre. Veranschlagt man global eine Beschäftigungsdauer von 5 bis 6 Jahren - von diesem Wert kann man nach unseren Beobachtungen sehr wahrscheinlich ausgehen - so reduzieren sich die relativ hohen Ausbildungskosten auf einige Tausend DM pro Jahr. Dies sind im Grunde genommen geringe Kosten für allgemein sehr qualifizierte Mitarbeiter, die ja auch ständig noch neue Erfahrungen sammeln. Außerdem geht von den Ausbildungskosten ein „positiver Zwang" auf die Personalpolitik und die

Planung des Qualifikationsbedarfs aus: Will der Ausbildungsbetrieb die jugendlichen Arbeitnehmer an sich binden und motivieren, seine Ausbildungsinvestition also gewinnbringend nutzen, so muß er bemüht sein, Berufslaufbahnen anzubieten, die eine Verwertung der erworbenen Kompetenzen und einen Aufstieg ermöglichen (vgl. Kapitel VI).

2. Von den Ausbildungskosten abzurechnen sind ferner die Aufwendungen, die bei der Einstellung schon qualifizierter junger Mitarbeiter entstehen würden (Annoncen, Einstellungsverfahren) sowie deren Einweisung/Anpassung und eventuelle Zusatzausbildung von einigen Monaten, die sie erst zu vollwertigen Arbeitskräften macht.

3. Hinzu kommt, daß eine hochqualifizierte Fachausbildung dem Betrieb Aufwendungen für Weiterbildungsmaßnahmen erspart, die dem nachträglichen Erwerb von Qualifikationselementen oder der Aktualisierung der Kompetenzen dienen würden. Bekanntlich stellen derartige Kosten in Frankreich einen nicht unwesentlichen Teil der Ausbildungskosten für die Betriebe dar, die häufig schon von Einstellungsbeginn an die Lücken der schulichen Ausbildung schließen müssen. Hieraus erklärt sich wohl, weshalb die deutschen Betriebe im Vergleich zu den französischen geringere Ausgaben für die Weiterbildung in Prozenten der Lohnsumme verbuchen: Bei Betrieben vergleichbarer Größe beträgt die Differenz 1 bis 2 Prozentpunkte. Daher kann man sich in der Bundesrepublik bei der beruflichen Erstausbildung auf deren Hauptaufgabe konzentrieren: die Perfektionierung der Kenntnisse und Fertigkeiten und den Erwerb neuer Kompetenzen auf der Basis einer soliden Qualifikation.

4. Darüber hinaus hat das Vorhandensein hochqualifizierter Arbeitskräfte in der Produktion und in den Bereichen Verwaltung und Vertrieb positive Auswirkungen auf die hierarchische Struktur und die Zahl der Hierarchieebenen. Operational einsetzbare Arbeitskräfte mit hohem Qualifikationsniveau auf allen Ebenen, speziell solche in Schlüsselpositionen, können ihre Tätigkeit autonomer planen und ausführen, womit sich der Weisungsbedarf auf allen Stufen verringert. Man benötigt also weniger Personal für Weisungs- und Aufsichtsaufgaben; diese Funktionen sind stärker in die Produktionsplanung und das Management im eigentlichen Sinne integriert. Darin dürften auch die Gründe liegen, weshalb alle französischen Beobachter feststellen, daß in den deutschen Unternehmen die Mitarbeiter in geringerem Umfang durch Vorgesetzte angeleitet werden und weniger Hierarchiestufen bestehen.[2] So trägt die Investition in die Erstausbildung zur Schaffung einer produktiveren Arbeitskräftestruktur bei, denn unnötige Hierarchieebenen, die nicht nur kostenintensiv wären, sondern die Organisation auch rigider machen würden, erübrigen sich.

5. Ferner kommt der beruflichen Erstausbildung eine ganz wesentliche Funktion beim Aufbau und der Vermittlung einer technischen 'Unternehmenskultur' zu. Geleistet wird dies hauptsächlich von den Ausbildern, die gewissermaßen das 'Gedächt-

---

[2] Vgl. Burkart Lutz, „Bildungssystem und Beschäftigungsstruktur in Deutschland und Frankreich. Zum Einfluß des Bildungssystems auf die Gestaltung der betrieblichen Arbeitskräftestrukturen". In: H. G. Mendius u.a., Betrieb, Arbeitswelt, Qualifikation. Frankfurt/M. 1976; und M. Maurice / F. Sellier / J.-J. Silvestre, Politique d'éducation et organisation industrielle en France et en Allemagne. Paris 1982.

nis' des Unternehmens darstellen, das sie von einer Generation zur nächsten weitergeben. Eine unersetzliche Funktion, die durch Weiterbildung alleine stellvertretend nicht wirklich erfüllt werden kann, viel weniger noch durch eine interne Kommunikationspolitik, so kostenaufwendig und effizient sie auch gestaltet werden mag.

6. Schließlich bietet das duale System makroökonomisch und gesamtgesellschaftlich betrachtet das beste Kosten-Nutzen-Verhältnis:

- hinsichtlich der benötigten Ausbildungsmittel, besonders aufwendiger technischer Einrichtungen. Da der Betrieb sie bereitstellt, sind sie moderner und besser angepaßt und werden bei geringerem Kostenaufwand häufiger erneuert (die Anschaffung neuer Anlagen erfolgt im Rahmen der Aktualisierung des gesamten betrieblichen Maschinenparks, also kostengünstiger als in einer schulischen Ausbildungseinrichtung);

- hinsichtlich der Eingliederung der Jugendlichen. Bei insgesamt ähnlich hohen Bildungsausgaben in beiden Ländern (BRD: 6 % des BIP, Frankreich: 5,65 % des BIP)[3] , die jedoch zwischen der öffentlichen Hand und den Betrieben unterschiedlich aufgeteilt sind, weist die Bundesrepublik eine deutlich niedrigere Arbeitslosenquote auf. Im krassen Gegensatz zur Situation in Frankreich, wo die Arbeitslosenquote bei Jugendlichen unter 25 Jahren doppelt so hoch ist wie im Durchschnitt der Altersgruppen, differierte dieser Wert in der Bundesrepublik im gesamten Zeitraum der 80er Jahre nur wenig von der Gesamtquote - und dies trotz konjunktureller Schwankungen (vgl. Kapitel VI).

Zu erwähnen ist ferner auch, daß die Eingliederung in die Berufswelt in der Bundesrepublik wesentlich früher erfolgt, da fast alle Auszubildenden, also über 2/3 der Jugendlichen eines Jahrgangs, mit 20 Jahren im Erwerbsleben stehen. Das hat finanzielle Konsequenzen; es ist nicht erforderlich, spezielle Programme zur Eingliederung von Jugendlichen durchzuführen, die zunehmend komplexer werden, enorme, schwer zu beziffernde Kosten verursachen und zudem nur begrenzten Erfolg bringen können. Dies ist auch von Vorteil hinsichtlich der effektiven Erwerbsquote, da das Arbeitskräftepotential optimal genutzt werden kann, wodurch wiederum eine größere Veranlagungsbasis für das Steueraufkommen und die Beiträge zur Sozialversicherung gegeben ist.

---

[3] Angaben gemäß Vergleichsdaten des Ministère de l'Education Nationale, Repères et références statistiques sur les enseignements et la formation, Ausgabe 1991, und des Bundesministeriums für Bildung und Wissenschaft, Grund- und Strukturdaten 1990/91. Bad Honnef 1990.

VI

Das duale System zwischen Schule und Erwerbsleben

Eine Analyse des Verhältnisses zwischen Ausbildung und Beschäftigung zeigt deutlich die Vorteile des dualen Systems. Sie läßt zum einen erkennen, daß der Zugang zum dualen System kaum Beschränkungen unterliegt, was jedoch eine hohe Erfolgsquote nicht ausschließt, und zeigt andererseits, daß die erworbene Berufsausbildung bei der Eingliederung ins Erwerbsleben einen beachtlichen Bonus darstellt.

Weitgehend offener Zugang zur dualen Ausbildung

Das duale System ist zwar ein Ausbildungsweg für die breite Masse der Jugendlichen, kennt aber keine wesentlichen Schwierigkeiten beim Erreichen des Ausbildungszieles - zum Erstaunen des französischen Beobachters, dem die Probleme der heimischen Sekundarschule hinlänglich bekannt sind.

Die Erklärung hierfür liegt zunächst im Verhältnis zwischen dem allgemeinbildenden Schulwesen und der Berufsbildung. Daß die Mehrzahl der Jugendlichen eines Jahrgangs - wie wir in Kapitel II dargelegt haben - in eine Berufsausbildung eintritt, resultiert aus der starken Differenzierung des deutschen Schulsystems. Schon sehr früh (im Verlauf des 5. und 6. Schuljahres) ist eine Entscheidung für einen der drei ziemlich strikt getrennten Bildungswege zu treffen: die *Hauptschule* (9 bis 10 Schuljahre), die *Realschule* (10 Schuljahre, erweiterte Unterrichtsinhalte und besser ausgebildete Lehrkräfte) und das *Gymnasium* (das mit dem *Abitur* abschließt). Die *Gesamtschule*, vom Beginn der 70er an eingeführt mit der Zielsetzung, die scharfen Trennlinien im traditionellen Bildungswesen zu überwinden und eine frühe Selektion durch eine differenzierte Pädagogik zu umgehen, konnte sich nicht durchsetzen und existiert nur in einigen *Ländern* als relativ unbedeutender Schulzweig.

Von den Schülern der 8. Klassenstufe besuchten im Jahre 1991 24,9 % die *Hauptschule*, 31,5 % die *Realschule* und 27 % das *Gymnasium*. Damit befanden sich 56,4 % dieser Schüler in Schulzweigen der Sekundarstufe, die 'a priori'[1] in eine berufliche Ausbildung einmünden. Gemessen an den entsprechenden Altersjahrgängen verteilen sich die Abgänger aus den drei Schulzweigen wie folgt: 40 % der 15-16jährigen kamen aus der Hauptschule (davon 8,7 %, also fast 54 000 Jugendliche, ohne Abschluß), 44 % der 16-17jährigen wurden aus der *Realschule* bzw. aus

---

[1] 'A priori' deshalb, weil die Jugendlichen auf verschiedenen, in Kapitel II beschriebenen Wegen ins allgemeinbildende Schulwesen reintegriert werden können. Sofern nicht anderweitig gekennzeichnet stammen die hier genannten Zahlenangaben aus: Bundesministerium für Bildung und Wissenschaft, Grund- und Strukturdaten 1992/93. Bad Honnef 1992.

Abbild. 9

Das Bildungssystem der Bundesrepublik Deutschland

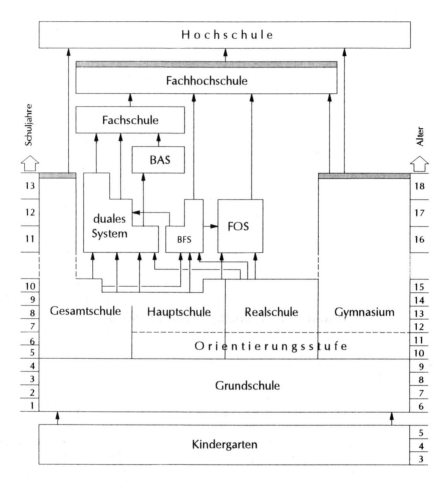

Hochschule

Fachhochschule

Fachschule

BAS

Schuljahre

duales System

BFS

FOS

Alter

Schuljahre					Alter
13					18
12					17
11					16
10	Gesamtschule	Hauptschule	Realschule	Gymnasium	15
9					14
8					13
7					12
6		Orientierungsstufe			11
5					10
4					9
3	Grundschule				8
2					7
1					6
	Kindergarten				5
					4
					3

Hochschulzugangsberechtigung

BAS   Berufsaufbauschule
BFS   Berufsfachschule
BS   Berufsschule
FOS   Fachoberschule

einer anderen Schulart mit mittlerem Bildungsabschluß entlassen und 36,2 % der 18-20jährigen gingen mit dem Abitur ab, wovon 26,2 % die allgemeine und 10,1 % die fachgebundene Hochschulreife erworben hatten.[2]

An diesen Daten kann man die Bedeutung der beruflichen Bildung für die beiden ersten Schülerkategorien indirekt ablesen, was auch durch eine Querschnittsanalyse der Wohnbevölkerung von 17 und 18 Jahren auf der Grundlage der Angaben des Mikrozensus 1989 belegt wird.[3] Abgesehen von 3,7 % Arbeitslosen und 9,1 % Erwerbstätigen standen 44,5 % der Jugendlichen in einer beruflichen Ausbildung (36,7 % im dualen System und 7,8 % in beruflichen Vollzeitschulen), während sich nur 37,7 % im allgemeinbildenden Schulwesen befanden (davon 26,2 % im Gymnasium[4]).

In dieser Verbindung zwischen Allgemeinbildung und Berufsbildung liegt das Spezifikum des Bildungswesens der Bundesrepublik: Der allgemeinbildende Sektor mag dem französischen Beobachter besonders selektiv und elitär erscheinen, insofern als die weiterführende Schule - wie Tabelle 6 zeigt - im Vergleich zu Frankreich ziemlich abgeschottet wirkt und bei den Schülern nicht alle Schichten der Gesellschaft gleichgewichtig vertreten sind. Hingegen werden die beiden kürzeren Schulzweige, die die Mehrzahl der Schüler aufnehmen, welche aus ganz unterschiedlichen sozialen Schichten stammen (besonders beachtenswert ist in diesem Zusammenhang das breite soziale Spektrum der *Realschule*, die ihrer Bezeichnung als mittlerem Bildungsweg durchaus gerecht wird), offenbar nicht als geringerwertige Wege betrachtet. Auch ist die Berufsausbildung, zu der sie hinführen, wie aus Tabelle 5 entnommen werden kann, keineswegs ein 'Arbeiterghetto'. Dabei lassen diese Angaben nicht einmal deutlich genug erkennen, daß sich viele Kinder aus bessergestellten Familien für eine berufliche Ausbildung entscheiden. Eine beträchtliche Zahl von Abiturienten, bei deren Elternhäusern diese Gesellschaftsschichten überrepräsentiert sind, wählt diesen Weg ja ebenfalls.

Die Verhältnisse in der Bundesrepublik unterscheiden sich also grundlegend von der Situation in Frankreich. In einem System, in dem der Beitrag der Betriebe zur beruflichen Erstausbildung sehr gering ist, legt man wenig Wert auf Professionalität. Maßgebend ist die Demokratisierung der Bildung, also der breitere Zugang zu den weiterführenden Schulen. Die einseitige Fixierung auf das Abitur, die das ganze Bildungsverhalten prägt, schadet letztendlich dem eigentlich angestrebten beruflichen

---

[2] Die Prozentangaben beziehen sich auf das Mittel der beiden Altersjahrgänge und sind jeweils auf der Grundlage des vollendeten 16., 17. und 19. Lebensjahres berechnet.

[3] Die Abweichungen hinsichtlich der Daten aus der zitierten Schulstatistik beruhen auf methodischen Unterschieden (hier handelt es sich um Erhebungsdaten), darauf, daß 1989 anstatt 1991 als Stichjahr diente (die Differenzen verdeutlichen auch die zunehmende Anziehungskraft der weiterführenden Schulbildung - ein Phänomen, dessen Folgen wir im letzten Kapitel noch näher untersuchen werden) und schließlich primär auf der Tatsache, daß bei der Kategorie Hauptschule auch die Schüler der Sonderschulen inbegriffen sind, welche behinderte und sozial gefährdete Jugendliche aufnehmen.

[4] 6,9 % in der Realschule, 3,3 % in der Hauptschule und 1,3 % in der Gesamtschule. Daß sich in der Summe nicht 100 % ergeben, liegt an den 5,1 % ohne Angaben in der Befragung, den Berufsschülern, die nicht in einem Ausbildungsverhältnis stehen, jedoch auch am Anteil hochbegabter Jugendlicher, die bereits an einer Hochschule oder Fachhochschule eingeschrieben sind. Die hier genannten Daten sind zitiert nach: Wolfgang Böttcher, „Soziale Auslese im Bildungswesen". In: Die deutsche Schule 2/1991.

und sozialen Aufstieg. Ganz abgesehen davon, daß die Demokratisierung der Schule stets mit den fortbestehenden sozialen Ungleichheiten konfrontiert sein wird, verschärft das Streben eines zunehmenden Schüleranteils nach dem höchsten erreichbaren Schulabschluß den selektiven Charakter des allgemeinbildenden Sektors noch zusätzlich. Hinzu kommt, daß die Auslese in der allgemeinbildenden Schule zwangsläufig nach schulischen, also für die berufliche Praxis nicht unbedingt relevanten Kriterien erfolgt. Und doch entscheidet eine derartige Selektion darüber, ob eine berufliche Ausbildung eingeschlagen wird. Das hat folgende Auswirkungen: Erstens wird eine negative Auswahl getroffen, was die Schüler als Versager hinstellt und sie entsprechend demotiviert. Zweitens ist die vermittelte Berufsbildung nicht geeignet, die erforderliche Qualifizierung zu garantieren. Schließlich sind die Möglichkeiten der Eingliederung ins Erwerbsleben und des beruflichen Aufstiegs bei Jugendlichen im beruflichen Bildungsbereich ungünstiger: Die Fähigsten wenden sich dem weiterführenden Bildungswesen zu; die Absolventen des beruflichen Bildungsweges müssen sich diesen Konkurrenten stellen, die von den Betrieben sogar bei der Besetzung von Arbeitsplätzen mittleren Qualifikationsniveaus bevorzugt werden.

Tabelle 5
Stellung der 17-18jährigen im Bildungssystem nach Beruf des Vaters 1989

| | Kinder von | | | | | | |
	allen Berufskategorien zusammen	Selbständigen ohne Mitarbeiter	mit Mitarbeitern	Beamten	Angestellten	Arbeitern	Personen ohne Erwerbstätigkeit (Arbeitslose/ Rentner)
im allgem. Schulwesen	37,7	32,8	49,1	58,9	53,2	23,9	30,1
im dual. System	36,7	44,3	31,9	23,5	31,1	46,7	29,6
in berufl. Vollzeitsch. (Berufsfachsch.)	7,8	7,1	6,0	7,3	6,3	8,3	10,7
erwerbstätig	9,1	11,4	6,0	4,4	5,5	13,1	7,3
arbeitslos	3,7	[2,8]	[0,9]	[1,5]	1,7	3,4	12,0
Sonstiges*	5,1	2,9	5,2	4,4	4,3	4,7	9,4
insges. (gerundet)	100,0	100,0	100,0	100,0	100,0	100,0	100,0
Anteil an der Wohnbevölker. von 17-18 Jahren	100,0	4,5	7,5	8,8	26,7	37,3	15,2

* ohne Angaben, Hochschulbesuch, nur Berufsschule

Anmerkungen: Wie man aus der Tabelle entnehmen kann, wird in der deutschen Statistik wenig differenziert, was die Interpretation erschwert. So ist davon auszugehen, daß die Kategorie der Beamten in der Bundesrepublik - trotz der geringeren Extension des Beamtenstatus im Vergleich zu Frankreich - eine breite Spanne von Einkommensstufen und gesellschaftlichen Schichten umfaßt. Gleiches gilt für die Selbständigen. Etwas klarer wird das Bild durch die Unterscheidung zwischen Selbständigen, die Mitarbeiter beschäftigen und solchen, die dies nicht tun. Berücksichtigt man die Organisation des deutschen Gesundheitswesens, in dem die Arztpraxen meist mit Personal arbeiten, so kann man davon ausgehen, daß sich die erste Gruppe überwiegend aus Ärzten zusammensetzt. In der zweiten sind zwar auch Selbständige der freien Berufe vertreten,

vor allem aber eigenständige Geschäftsleute, Einzelhändler und Landwirte, Berufsgruppen mit eher bescheidenem Status und Einkommen.
Quelle: Mikrozensus 1989

Das berufliche Bildungswesen der Bundesrepublik als Kernstück des Bildungssystems ist bislang kaum der Konkurrenz des weiterführenden allgemeinbildenden Sektors ausgesetzt worden. So verfügt es über ein Reservoir sehr differenzierter individueller Fähigkeiten, und die Selektion/Entscheidung über die Bildungslaufbahn erfolgt auf der Basis von Kriterien, die sich mit dem Ziel der praktischen Qualifizierung decken. Die berufliche Bildung als Instrument zur Aneignung einer anerkannten Qualifikation mit der Möglichkeit, sich unmittelbar danach seinen Unterhalt zu verdienen, bezieht ihre Legitimation nicht allein aus der Tradition des 'Professionalismus', sondern in erster Linie aus den Vorteilen, die sich hinsichtlich der Eingliederungs- und Aufstiegschancen bieten.

Tabelle 6

Schulbesuch der 13-14jährigen nach beruflicher Stellung des Vaters 1989

	Kinder von allen Berufs- kategorien zusammen	Selbständigen ohne Mitar- beiter	Selbständigen mit Mitar- beitern	Beamten	Ange- stellten	Arbeitern	Personen ohne Erwerbstätigkeit (Arbeitslose/ Rentner)
Grundschule	5,0	3,4	3,5	4,2	5,4	5,1	6,1
Hauptschule*	40,0	41,4	25,3	13,3	22,0	58,1	57,4
Realschule	26,5	29,3	26,4	24,2	29,2	26,3	21,6
Gymnasium	28,5	25,9	44,8	58,3	43,7	10,7	14,9
insges. (gerundet)	100,0	100,0	100,0	100,0	100,0	100,0	100,0
Anteil an der Wohnbevölker. von 13-14 Jahren	100,0	4,9	7,4	10,2	28,1	38,0	11,3

* und Sonderschulen, was die Angaben etwas verfälscht.

Anmerkungen: Das Abitur wird in der Bundesrepublik mit 18-19 Jahren abgelegt, also auf einer späteren Altersstufe, als in der Tabelle behandelt. Vgl. hierzu auch die Aufgliederung der Auszubildenden nach Bildungsabschluß im allgemeinen Schulwesen im zweiten Teil des Kapitels.
Quelle: cf. Tabelle 5

Vor einer näheren Betrachtung der beiden letztgenannten Aspekte im zweiten Teil dieses Kapitels unter Berücksichtigung der Situation nach dem Lehrabschluß soll noch einmal auf die Eingangsvoraussetzungen der dualen Ausbildung abgehoben werden. Hier zeigen sich die positiven Auswirkungen der heterogenen Rekrutierung: Infolge der Vielzahl verschiedenartiger Ausbildungsbetriebe können je nach Ausbildungsberuf und technologischen wie pädagogischen Kapazitäten der Ausbildungsabteilungen Ausbildungsangebote ganz unterschiedlichen Niveaus gemacht werden. Wie es auch Jean-Jacques Silvestre formuliert, sind es diese vielgestaltigen Möglichkeiten, die „es sinnvoll und hinsichtlich der Beschäftigungsperspektiven praktikabel machen, daß ins Berufsbildungswesen ein so breites Spektrum gesellschaftlicher Schichten und schulischer Vorbildungen einbezogen ist".[5]

In der Praxis wird der Zugang zum dualen System durch Marktmechanismen reguliert. Die Auswahlkriterien werden von den Betrieben nach ihrem Ermessen festgelegt. Nach psychologischen Tests, bei manchen Ausbildungsberufen auch Test der manuellen Geschicklichkeit und Gesprächen mit den Bewerbern, wird meist auf der Grundlage des Schulzeugnisses entschieden. Gruppentests und -gespräche nehmen immer mehr an Bedeutung zu, da sie Aufschlüsse über das Sozialverhalten geben. Wie bereits erwähnt, ist die Auslese mehr oder weniger streng, je nach den Anforderungen des Berufs und den Ausbildungserfordernissen, -zielen und -möglichkeiten des Betriebs. Die Tatsache, daß die Betriebe entscheiden, wieviele Auszubildende sie aufnehmen und welche Voraussetzungen diese mitbringen sollen, trägt viel zum Ausbildungserfolg bei. Völlige Autonomie besteht dabei selbstverständlich nicht, denn einige Faktoren sind zu berücksichtigen: die Situation auf dem Lehrstellenmarkt, spezielle Strukturmerkmale des jeweiligen regionalen Arbeitsmarktes, die dortige konjunkturelle Situation und das Verhalten der konkurrierenden Ausbildungsbetriebe. Natürlich sind diejenigen Unternehmen, die im Ruf stehen, am besten auszubilden und so die Bewerber anlocken, solchen Zwängen am wenigsten ausgesetzt.

Im Jahre 1991 kamen 32,3 % der Auszubildenden aus der *Hauptschule*, davon hatten 1,7 % den Hauptschulabschluß nicht erreicht. Dies bedeutet, daß 37 000 Jugendliche, die ihre Schullaufbahn nicht erfolgreich beendeten, eine Berufsbildung aufnehmen konnten, zumeist im Handwerk. 35,5 % besaßen den *Realschul*abschluß (oder ein gleichwertiges Zeugnis), und 10,4 % kamen aus einer *Berufsfachschule*. Der Abiturientenanteil betrug 17,2 %; mehr als 200 000 Jugendliche dieses Bildungsniveaus[6] wählten also eine betriebliche Ausbildung in den Branchen Banken, Versicherungen, Handel, Hotellerie, Tourismus und auch in einigen speziellen Bereichen der Industrie.[7]

Der Tatbestand, daß sich die Hälfte der Abiturienten in der Lehre auf 10 Berufe konzentriert, in denen sie, mit einer Ausnahme, zwischen einem Viertel und der Hälfte aller Auszubildenden stellen, spiegelt die Selektionsmechanismen innerhalb des dualen Systems deutlich wider. Diese Mechanismen sorgen auch dafür, daß die Versagerquote gering ist. Die Quote erfolgreich abgeschlossener Prüfungen ist seit

---

[5] J.-J. Silvestre, „La professionnalisation: l'exemple allemand". In: Pouvoirs 30, 1984.
[6] Die Prozentangaben sind entnommen aus: Grund- und Strukturdaten 1992/93, a.a.O.; die Absolutzahlen hingegen aus: Bundesministerium für Bildung und Wissenschaft, Berufsbildungsbericht 1992. Bad Honnef 1991, S. 30. Referenzgröße ist in beiden Fällen die Gesamtzahl der Jugendlichen in betrieblicher Ausbildung; es handelt sich also um Bestandsdaten.
[7] Vgl. Berufsbildungsbericht 1992, a.a.O., S. 30.

langer Zeit stabil und liegt bei durchschnittlich 89-90 %. Die geringsten Erfolgsquoten mit Werten um 75 % findet man in einigen Handwerksberufen (wie Maler oder Elektriker) und gering qualifizierten Büroberufen (Bürogehilfe/-in). Dagegen können im öffentlichen Dienst, im Handel und auch in den begehrtesten industriellen Berufen Erfolgsquoten von 95 %[8] erreicht werden.

Die hohen Erfolgsaussichten beruhen auch auf den dem dualen System eigenen pädagogischen Vorzügen. Schon der Lernortwechsel an sich ermöglicht eine besonders enge Verbindung von Theorie und Praxis, gleichgültig, welche Abstimmungsschwierigkeiten sich zwischen Betrieb und *Berufsschule* ergeben mögen. Noch enger wird die Verbindung, wenn auch innerhalb des Betriebes ein Alternieren zwischen Theorie und praktischer Unterweisung in der Ernstsituation stattfindet. In vielen Fällen führt der Betrieb auch zusätzlichen theoretischen Unterricht durch - oftmals so intensiv, daß in den Großbetrieben eigentlich kein duales, sondern bereits ein 'triales' System anzutreffen ist. Im Gegensatz zur rein schulischen Ausbildung werden in einem solchen System konkretes Handlungswissen und induktives Lernen nicht unterbewertet. Das System wirkt motivierend insofern, als Ergebnis und Nutzen des Erlernten rasch ersichtlich werden. Außerdem werden Verantwortungsbewußtsein und Sozialisierung gefördert, Faktoren, die auch ihren Anteil am Gesamterfolg haben.

Darüber hinaus dürfen die pädagogischen Anstrengungen der Betriebe nicht ausser acht gelassen werden. Nach der gesetzlichen Vorschrift müssen die hauptamtlichen Ausbilder ein pädagogisches Eignungszeugnis erwerben, was eine entsprechende Ausbildung voraussetzt. Die Prüfung ist bereits standardisiert, die Ausbildung jedoch noch kaum[9], was die Berufspädagogen (Lehrkräfte in den *Berufsschulen* und ihre Ausbilder an den Hochschulen) sehr bemängeln. Ungeachtet aller Unterschiede in der praktischen Handhabung ist festzuhalten, daß viele Betriebe für die pädagogische Dimension sehr stark sensibilisiert und oftmals beträchtliche innovatorische Kapazitäten vorhanden sind. Die Fachverbände der Arbeitgeber und Gewerkschaften sind bemüht, diese Entwicklung noch voranzutreiben.

Bei dieser positiven Bilanz muß aber auch das Problem der vorzeitig gelösten Ausbildungsverhältnisse angesprochen werden.[10] Während Ende der 70er Jahre etwa 10 % der Verträge vorzeitig gelöst wurden, stieg die Quote in der ersten Hälfte der 80er Jahre allmählich und in der zweiten dann abrupt an, so daß seit 1989 Werte über 20 % erreicht werden (23,2 % im Jahre 1990).

---

[8] Ebenda, S. 41.

[9] Mit dem Gesetz von 1969 wurde zwar ein Ausbilder-Eignungszeugnis eingeführt, doch unternahm der Staat nicht sonderlich viel, um die entsprechende Ausbildung zu organisieren oder zu standardisieren. Dies hat sogar zur Folge, daß, im Gegensatz zur Wirtschaftspädagogik, die sich vom Beginn der 20er Jahre an nach der Umgestaltung der Berufsschulen entwickelte und heute eine eigenständige Hochschuldisziplin darstellt, die Betriebspädagogik weder einen anerkannten wissenschaftlichen Status besitzt (was in der Bundesrepublik sehr wichtig ist) noch spezielle Bildungseinrichtungen. Die künftigen betrieblichen Ausbilder nehmen an Weiterbildungsseminaren teil, die größtenteils von den Handelskammern oder Wirtschaftsverbänden durchgeführt werden.

[10] Vgl. zu den folgenden Ausführungen Berufsbildungsbericht 1991, a.a.O., und Heinrich Althoff, „Die fortdauernde Zunahme vorzeitiger Vertragslösungen und Erklärungsmöglichkeiten für diese Entwicklung." In: Berufsbildung in Wissenschaft und Praxis 4/1991, sowie Berufsbildungsbericht 1992, a.a.O., S. 36 und S. 112 ff.

Nur ein Viertel der Betroffenen verläßt den Ausbildungsbetrieb innerhalb der für solche Fälle vorgesehenen Probezeit, die Hälfte bricht während des ersten Jahres ab, die übrigen im zweiten oder dritten Jahr. Für die Betriebe ist dies problematisch, aber nicht beunruhigend, wie es zunächst scheinen mag. In dem Maße, wie die Zahl der Vertragslösungen zunahm, stieg nämlich auch die Quote der Abbrecher, für die das Ausscheiden aus dem Lehrverhältnis nicht das Ende jeglicher Berufsausbildung bedeutet.[11] In den meisten Fällen geht es weniger um ein Versagen, als um einen Wechsel des Ausbildungsbetriebs innerhalb des dualen Systems oder eine berufliche Umorientierung.

Um das heutige Ausmaß dieses Phänomens zu begreifen, sind drei Erklärungen heranzuziehen. Zum einen haben sich das Verhalten und die Einstellung im Zuge der technologischen und sozialen Entwicklung gewandelt: Die Auszubildenden sind älter[12] und beurteilen die ihnen gebotene Ausbildung somit auch kritischer; da sie mehr Freiheiten genießen, nehmen sie sich gerne mehr Zeit für den Übergang von der Schule in die Berufstätigkeit. In Anbetracht der größeren Wahlmöglichkeiten können die Jugendlichen höhere Ansprüche stellen. So stellt sich also das Phänomen des Ausbildungsabbruchs sehr differenziert dar, je nach Beruf, Ausbildungsbetrieb und Qualität der Ausbildung[13]. Die wenig ermutigenden Perspektiven auf dem Arbeitsmarkt, die leicht Zweifel daran aufkommen lassen, ob auch der 'richtige' Beruf gewählt wurde, können eine solche Haltung nur bestärken. Auch ist nicht zu übersehen, daß es eine Entwicklung hin zur einer ausgeprägteren Hierarchisierung des Bildungswesens mit Bevorzugung weiterführender Bildungswege gibt. Als kürzerer Bildungsweg verliert die duale Berufsbildung an Attraktivität, so daß mehr schwache Schüler aufgenommen werden müssen, deren Berufsbildungslaufbahn dann auch instabiler ist. Die beiden letztgenannten Fakten zeigen es deutlich: Die gestiegene Zahl der Ausbildungsabbrüche ist kein isoliertes Problem, sondern vielmehr ein Anzeichen für grundlegendere Schwierigkeiten des dualen Systems, auf die wir abschließend noch eingehen werden.

Die duale Berufsbildung als Vorteil bei der Eingliederung ins Berufsleben

Die bereits beschriebene Dominanz des dualen Systems im Bildungswesen schlägt sich natürlich auch in der Verteilung der Berufsabschlüsse nieder. Dies zeigen alle Statistiken, gleich ob sie Bewegungs- oder Bestandsdaten beinhalten.

---

[11] Ende der 70er Jahre war dies noch bei 2/3 der Vertragslösungen der Fall, heute nur noch bei 1/3.

[12] Der Anstieg des Durchschnittsalters der Auszubildenden (von 16,6 Jahren 1970 auf 18,8 Jahre 1989 - 1970 waren 22 % 18 Jahre und darüber, heute mehr als 72 %) erklärt sich aus der Nachfrage nach einer längeren Allgemeinbildung von seiten der Schüler, der Nachfrage nach einer höheren Vorbildung von seiten der Betriebe, dem gestiegenen Anteil von Ausbildungsverhältnissen mit 3 oder 3 1/2jähriger Dauer und auch aus der Tatsache, daß Jugendliche, die in der Zeit des Lehrstellenmangels eine schulische Grundbildung absolvierten, nun Ausbildungsplätze nachfragen, um doch noch eine Lehrstelle ihrer Wahl zu erhalten.

[13] Nicht zufällig stiegen die Abbruchsquoten im Handwerk (wo neben sehr guten Ausbildungen auch die minderwertigsten angeboten werden) zwischen 1978 und 1989 von 15 auf 31,7 %, während in Industrie und Handel nur ein Zuwachs von 10,3 auf 15,8 % zu verzeichnen war.

Was die Bewegungsdaten betrifft, belegen die seit Mitte der 70er Jahre verfügbaren Statistiken über die vergebenen Abschlüsse, daß im dualen System pro Jahr vier- bis fünfmal mehr Jugendliche ausgebildet wurden als im Hochschulsektor. Im Jahre 1987 wurden 680 000 Abschlüsse in der betrieblichen Ausbildung vergeben, im Hochschulbereich dagegen nur 139 000 (die entsprechenden Zahlen für 1975 waren 460 000 und 107 000). Seit drei Jahren jedoch kehren sich die Relationen um, bedingt durch die stark zunehmenden Studentenzahlen.[14]

Tabelle 7
Erwerbstätige nach höchstem beruflichen Abschluß

	1989	1976
Hochschulabschluß	11 %	7,2 %
Fachschulabschluß	8 %	6,4 %
Berufsausbildung (duales System oder Berufsfachschule)	58 %	52,1 %
ohne Abschluß/keine Angaben	23 %	34,3 %

Quelle: Statistisches Bundesamt, Mikrozensus 1976 u. Mikrozensus 1989.

Betrachtet man darüber hinaus, welche Schul- und Ausbildungsabschlüsse bei den Erwerbstätigen vorhanden sind (erfaßt nach dem höchsten erreichten Abschluß), ergibt sich, daß 1989 58 % der Deutschen eine berufliche Erstausbildung erfolgreich absolviert hatten (betriebliche Ausbildung oder rein schulische Ausbildung an einer *Berufsfachschule*)[15] und 8 % eine Technikerausbildung der mittlerer Ebene, Niveau *Fachschulabschluß*, besaßen, also außerhalb des Hochschulsektors schulisch ausgebildet worden waren (einschließlich Handwerks- und Industriemeister). Diese Personen werden meist im Rahmen der Weiterbildung qualifiziert, hatten also größtenteils zunächst eine betriebliche Ausbildung absolviert. Einen Hochschulabschluß besaßen 11 %, und nur 23 % waren ohne beruflichen Abschluß.[16] Beim Vergleich mit den weiter zurückliegenden Angaben (cf. Tabelle 7) zeigt sich übrigens, daß die Ab-

---

[14] Im Jahre 1990 beliefen sich die Zahlen auf 531 000 und 148 000; die Abschlüsse standen also im Verhältnis 3,5 : 1. Gegenübergestellt werden hierbei die bestandenen Prüfungen zu Abschluß der Berufsausbildung und die Examina zur Beendigung von Hochschulausbildungen aller Art, an Universitäten, Fachhochschulen etc. Ein Absolvent der betrieblichen Ausbildung kann auch durchaus ins Bildungswesen zurückkehren und einige Jahre später noch einmal in der Statistik erscheinen, nun als Hochschulabgänger. Die Zahlen sind entnommen aus Grund- und Strukturdaten 1992/93, a.a.O.

[15] Bezüglich der Abschlüsse im dualen System und an den Berufsfachschulen verwenden wir den Begriff 'berufliche Erstausbildung', um die Bezeichnung 'Facharbeiter' zu umgehen. Die Ausbildungen erstrecken sich ja auf den tertiären Sektor, den öffentlichen Dienst, die Landwirtschaft und die Industrie, wobei im letztgenannten Bereich Abschlüsse in Handelsberufen wie auch Facharbeiterqualifikationen erworben werden können.

[16] Es sei hier erwähnt, daß die deutsche Klassifizierung bezeichnend für den Aufbau des deutschen Bildungswesens ist. Alle genannten Abschlüsse, ob Hochschuldiplom, Technikerabschluß oder Abgangszeugnis der beruflichen Erstausbildung, werden gleich behandelt und als 'beruflicher Abschluß' eingestuft. Die Zahlen sind entnommen aus: Statistisches Bundesamt, Mikrozensus 1989, in der Veröffentlichung des Erich Schmidt Verlags (Blatt 247 154 2/91).

schlüsse im Bereich der beruflichen Erstausbildung erst seit Mitte der 70er Jahre eine solche Vorrangstellung einnehmen.

In den vergangenen 20 Jahren erlebte die Bundesrepublik eine Expansion des Hochschulsektors mit einem Zuwachs des Anteils der Erwerbstätigen mit Hochschulabschluß von 3,8 Prozentpunkten zwischen 1976 und 1989. Noch viel wichtiger ist aber, daß der Anteil der Erwerbstätigen mit abgeschlossener beruflicher Erstausbildung sich in diesem Zeitraum um 6 Prozentpunkte erhöhte. Wie bereits anhand der genannten Bewegungsdaten belegt, expandierten der Hochschulsektor und der Bereich der betrieblichen Ausbildung proportional zueinander. Daher ist die Konkurrenz zwischen Studium und Berufsbildung, die im Schlußkapitel noch eingehender behandelt wird, ein Phänomen, das erst seit kurzer Zeit merkbar in Erscheinung tritt. Auch die Technikerausbildungen verzeichneten im angesprochenen Zeitraum einen Zuwachs; einzig bei den Erwerbstätigen ohne beruflichen Abschluß gingen die Anteile zurück. Von über einem Drittel im Jahre 1976 sanken sie bis 1989 auf weniger als ein Viertel der Population.[17]

Bezieht man nun noch die Folgen dieser Verteilung der Qualifikationsstufen bei der Eingliederung ins Erwerbsleben mit ein, so bestätigen die Daten des Mikrozensus von 1989 (cf. Tabelle 7), was schon die Untersuchungen der 70er Jahre verdeutlicht hatten[18]: Individuelle Ausbildung und vom Arbeitgeber anerkannte Qualifikation sind in der Bundesrepublik sehr eng gekoppelt. In Frankreich richtet sich die Einstufung durch den Arbeitgeber viel stärker nach der Ausbildung 'on the job' und der Betriebszugehörigkeit. Eine Einstufung als Facharbeiter oder Fachangestellter ist in der Bundesrepublik eigentlich nur möglich, wenn eine betriebliche Ausbildung absolviert wurde. Arbeitnehmer ohne diesen Abschluß werden meist als angelernte Kräfte klassifiziert.

Als Erklärung für diese Verzahnung von Ausbildung und Beschäftigung genügt ein Verweis auf die Anpassung des Berufsbildungssystems an die Wirtschaft nicht. Zum einen würde man damit eine gesellschaftliche Dimension ignorieren, auf die wir mit dem Begriff „berufliche Kultur" bereits hingewiesen haben. Wie es J.-J. Silvestre formuliert, muß man von „einer Identität des Berufsbildungswesens und der Industriearbeiterschaft, wie sie sich in der Bundesrepublik herausgebildet hat" sprechen. Tatsächlich „ist der Besitz eines [...] beruflichen Abschlusses nicht nur ein Element

---

[17] Angaben des Statistischen Bundesamtes, abgedruckt in: iwd (Institut der deutschen Wirtschaft). Sehr interessante deutsch-französische Vergleichsanalysen finden sich bei Martine Möbius / Patrick Sevestre, „Formation professionnelle et emploi: un lien plus marqué en Allemagne". In: Economie et statistique n° 246-247, Sept.-Okt. 1991. Während in der Bundesrepublik der Anteil der Absolventen einer betrieblichen Ausbildung oder einer Berufsfachschule an den Erwerbstätigen im Jahre 1989 nach den dort enthaltenen Angaben 55,4 % betrug, hatten nur 28,9 % der französischen Erwerbstätigen einen CAP- oder BEP-Abschluß. Die Angaben bei Burkart Lutz, basierend auf Daten von 1970/71, zeigen einen noch wesentlich deutlicheren Unterschied: 55,7 % gegenüber nur 20,3 % (Burkart Lutz: „Bildungssystem und Beschäftigungsstruktur in Deutschland und Frankreich. Zum Einfluß des Bildungssystems auf die Gestaltung betrieblicher Arbeitskräftestrukturen". In: Hans-Georg Mendius u.a., Betrieb, Arbeitsmarkt, Qualifikation. Frankfurt/M./New York 1976).

[18] Vgl. hierzu die vom ISF, München, und dem LEST, Aix-en-Provence, gemeinschaftlich erstellte Studie, B. Lutz, „Bildungssystem ...", a.a.O., und Marc Maurice / François Sellier / Jean-Jacques Silvestre, Politique d'éducation et organisation industrielle en France et en Allemagne. Paris 1982, PUF.

der Qualifikation und des Handlungswissens; er ist ein statusbestimmender Faktor. Seine Anerkennung durch die Betriebe ... ist mehr als die Summe der erfüllten Bewertungskriterien und der Entsprechung zwischen Ausbildung und Arbeitsplatz: Es geht um eine soziale Norm, die das Wesen des deutschen Unternehmens entscheidend beeinflußt."

Tabelle 8
Abschlüsse der Arbeiter nach Qualifikationsniveau

Bundesrepublik 1989, ohne Auszubildende, in %

Abschluß	Ungelernte oder Angelernte	Facharbeiter	zusammen
Hauptschule, Realschule, ohne Berufsausbildung	52,2	10,0	33,3
Abschluß der betriebl. Ausbildung oder gleichwertiger Abschluß	44,4	84,8	62,6
Abitur	1,2	0,3	0,8
Abitur + betriebl. Ausbildung	0,7	1,9	1,2
Techniker, Meister	1,1	2,7	1,8
höherer Abschluß	0,4	0,3	0,3
Zusammen	100,0	100,0	100,0

Frankreich 1989, ohne Lehrlinge, in %

Abschluß	Ungelernte	Facharbeiter	zusammen
CEP, BEPC, ohne Berufsausbildung	71,4	51,7	59,5
CAP, BEP	26,0	44,2	37,0
Bac, BT, BP	2,1	3,4	2,9
höherer Abschluß	0,5	0,7	0,6
zusammen	100,0	100,0	100,0

Quelle: Economie et statistique n° 246-247, Sept.-Okt. 1991, S. 84

Zur richtigen Einschätzung der Vorteile des dualen Systems ist der letztgenannte Aspekt hervorzuheben; er prägt das „Wesen des Unternehmens" ebenso stark, wie er umgekehrt von ihm geformt wird. Wie die Arbeiten des LEST, Aix-en-Provence, und des ISF, München, anhand eines deutsch-französischen Vergleichs zeigen konnten, spiegelt das Bildungswesen die Strukturen des Beschäftigungssystems nicht nur wider, sondern wirkt auch auf diese ein.[19] Die Autoren stellen fest, daß die Arbeitsteilung in den deutschen Betrieben vertikal (Zahl der Hierarchiestufen) und horizontal (Trennung der Arbeitsaufgaben) weniger ausgeprägt ist als in Frankreich, die Organisation unbürokratischer und die Arbeitsaufgaben so festgelegt, daß die Fachkräf-

---

[19] Vgl. B. Lutz, „Bildungssystem ...", a.a.O., 1976 und M. Maurice / F. Sellier / J.-J. Silvestre, Politique d'éducation ..., a.a.O. Die umfassendste Darstellung findet sich bei Burkart Lutz, „Die Verantwortung der Bildungspolitik und der sogenannte Bedarf des Beschäftigungssystems - einige Fakten und kritische Überlegungen". In: Wilfried Schlaffke / Rainer Zelder (Hrsg.): Die Zukunft der Berufsbildung. Köln 1977.

te mehr Autonomie haben, und sehen die Gründe hierfür in den Unterschieden der Bildungssysteme der beiden Länder.

Bezüglich der Arbeitsorganisation, d.h. an der Schnittsstelle zwischen technischen Erfordernissen und Ausbildungsangebot, profitiert man in der Bundesrepublik dank der dualen Ausbildung vom Vorhandensein von Mitarbeitern, die nicht nur im Betrieb sozialisiert worden sind, sondern auch fachliche Kompetenzen erwerben konnten, die unmittelbar und kurzfristig einsetzbar sind. Daher kann die Arbeitsorganisation lockerer und flexibler gestaltet werden als in Frankreich, wo Einweisung und Ausbildung am Arbeitsplatz erfolgen müssen. Auf diese Flexibiltät - eine heute besonders geschätzte Eigenschaft - ist es offensichtlich zurückzuführen, daß das duale System vom Ausland wieder mit größerem Interesse betrachtet wird.

Ein weiteres Merkmal des dualen Systems ist, daß es nach den ersten Jahren Perspektiven des beruflichen Aufstiegs bietet. Es gibt in der Bundesrepublik keinen Weg der Erstausbildung, der zur Technikerstufe führen würde. So erreicht man das mittlere Qualifikationsniveau (für Arbeitsplätze zwischen Facharbeiter und Ingenieur) auf der Grundlage einer abgeschlossenen betrieblichen Ausbildung nach einigen Jahren Berufspraxis entweder über einen internen Aufstieg im Betrieb oder über die Weiterbildung an einer *Fachschule*.

Die jüngsten Untersuchungen bestätigen die Stabilität der Rekrutierungswege für diese Posten und zeigen auf, daß der Anteil von Technikern, die ihre Position nach Abschluß einer Hochschul- oder *Fachhochschul*ausbildung erlangt haben, seit Mitte der 70er Jahre unverändert gering geblieben ist (unter 10 %). Beim Weg der Aufstiegsqualifizierung lag der auf die *Fachschulen* entfallende Anteil zu keinem Zeitpunkt unter einem Drittel, seit einigen Jahren steigt er sogar tendenziell an. Der berufliche Aufstieg von Facharbeitern ist somit fester Bestandteil des betrieblichen Personalkonzepts. Für die duale Ausbildung als Basis dieser Aufstiegsperspektiven hat das in zweifacher Hinsicht positive Auswirkungen: Die Betriebe können ihre Personalplanung flexibler angehen, denn dank der Lehrlingsausbildung stehen ihnen mittelfristig Arbeitskräfte zur Besetzung der mittleren Positionen zur Verfügung. Die Jugendlichen hingegen haben berechtigte Aufstiegserwartungen, die sie auch dazu veranlassen, diesen Ausbildungsweg einzuschlagen.[20]

Die hier dargelegte Solidität der strukturellen Verbindungen zwischen Ausbildung und Beschäftigung soll nicht darüber hinwegtäuschen, daß auch Störungen auftreten können. Die Ausbildung ist zwar der Initiative der Betriebe überlassen, das gibt aber keine Garantie dafür, daß sie der Nachfrage des Produktionsapparates exakt entspricht.

Abgesehen von Konjunkturschwankungen, die schwer aufzufangen sind, da die Ausbildung mindestens 3 Jahre beansprucht, kann auch bewußt über Bedarf ausge-

---

[20] Diese Analyse basiert auf den Resultaten, die vorgelegt wurden von Ingrid Drexel / Philippe Méhaud, „L'accès aux emplois de technicien: voie scolaire ou voie promotionnelle? Une comparaison France-RFA". In: Martine Möbius / Eric Verdier (Hrsg.): Le système de formation professionnelle en RFA. Résultat de recherches françaises et allemandes. (CEREQ, Collection des études n° 61, Februar 1992). Paris 1992.

bildet werden. Viele kleine Betriebe handeln so. Dieses Phänomen haben wir bereits aufgezeigt und angesprochen, daß der Anteil handwerklicher Ausbildungen mit der wirtschaftlichen Situation fluktuiert. Die Auszubildenden, die, als billige Arbeitskräfte eingestellt, nach Abschluß der Ausbildung nicht übernommen werden, müssen nicht nur eine Anstellung in einem anderen Betrieb finden, sondern oft auch ihren Beruf wechseln, was eine Dequalifizierung bedeutet. Es ist bekannt, daß einige hiervon besonders betroffene Handwerksberufe, wie Bäcker oder Fleischer, speziell in Krisenzeiten geradezu ein Reservoir von Hilfskräften für die Industrie darstellen.

Generell verlaufen die individuellen Wege der beruflichen Eingliederung nicht so geradlinig, wie es unsere globale Analyse erscheinen lassen mag. Sicher ist ein Wechsel des Betriebs nach Abschluß der Ausbildung nicht a priori negativ zu interpretieren. Vielfach geschieht dies freiwillig. Soll damit mehr berufliche Zufriedenheit erreicht werden (bessere Arbeitsbedingungen und Aufstiegsperspektiven), beweist es nur, daß die Qualifikationen mittels der Ausbildungsordnungen standardisiert werden können. In vielen Fällen ist ein Wechsel des Betriebs jedoch Anzeichen für Schwierigkeiten oder zumindest Unsicherheiten.

Dieser Aspekt geht auch aus den Untersuchungen zum Verlauf der beruflichen Eingliederung hervor, die seit einigen Jahren, insbesondere seit dem Ausbildungsplatzmangel der 80er Jahre, immer zahlreicher durchgeführt werden. Die auffälligste Erscheinung in diesem Zusammenhang ist, daß der Berufsverlauf instabil geblieben ist, obwohl zwischenzeitlich wieder ein Überangebot an Ausbildungsplätzen herrscht. Alles scheint darauf hinzudeuten, daß 'Warteschleifen' (zeitweiliger Rückzug aus dem Arbeitsmarkt, Wechsel des angestrebten Berufs, Absolvieren mehrerer Ausbildungen, Teilnahme an Kursen zum Erwerb zusätzlicher Qualifikationen), die in den 80er Jahren noch mit den Schwierigkeiten erklärbar waren, auf den 'geraden Weg' der betrieblichen Ausbildung zu gelangen, nun strukturelle Erscheinungen geworden wären. Ferner wechseln zunehmend mehr Jugendliche innerhalb der ersten drei Jahre nach der Ausbildung ihren Beruf, was mit Weiterbildungsaktivitäten oder auch temporärer Arbeitslosigkeit zusammenhängen kann.

Als Erklärungen werden ein Wandel in der Einstellung der Jugendlichen (Individualisierung, Differenzierung der Lebensumstände - um gängige soziologische Themen aufzugreifen[21]) und Veränderungen des Arbeitsmarktes (ungewisse ökonomische Perspektiven und abnehmende Arbeitsplatzsicherheit, speziell befristete Arbeitsverhältnisse bei Jugendlichen) herangezogen.[22] Gegen diese alle Industrienationen erfassenden Entwicklungen kann sich die Bundesrepublik nicht abschotten. Sie bewirken eine Flexibilisierung der Normen und daß der Status des Facharbeiters nach und nach seine festumrissenen Konturen einbüßt.

---

[21] Vgl. dazu z.B. den 'Klassiker' von Ulrich Beck, Risikogesellschaft. Auf dem Weg in eine anderer Moderne. Frankfurt 1986.

[22] Vgl. hierzu Berufsbildungsbericht 1992, a.a.O., S. 61. Dort werden die Ergebnisse einiger neuerer Untersuchungen zum Übergang von der Ausbildung in die Beschäftigung zitiert. Vgl. auch Erich Raab, „Berufsausbildung und Arbeitsmarktchancen Jugendlicher in den alten Bundesländern". In: Aus Politik und Zeitgeschichte, 11/09/92, und vor allem Gisela Westhoff / Axel Bolder (Hrsg.): Entwarnung an der zweiten Schwelle? Übergänge von der Berufsausbildung ins Erwerbsleben. Berlin/Bonn 1991.

Abbild.10

Arbeitslosenquoten der sogenannten "Problemgruppen"

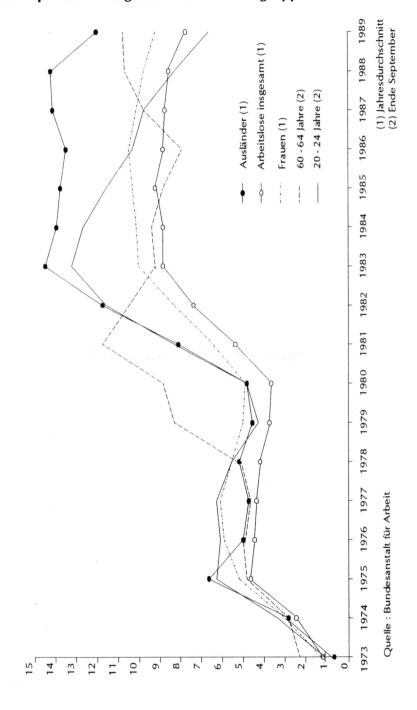

71

Arbeitslosenquote (1) in Abhängigkeit vom Bildungsabschluß
(1975 - 1991) (2)

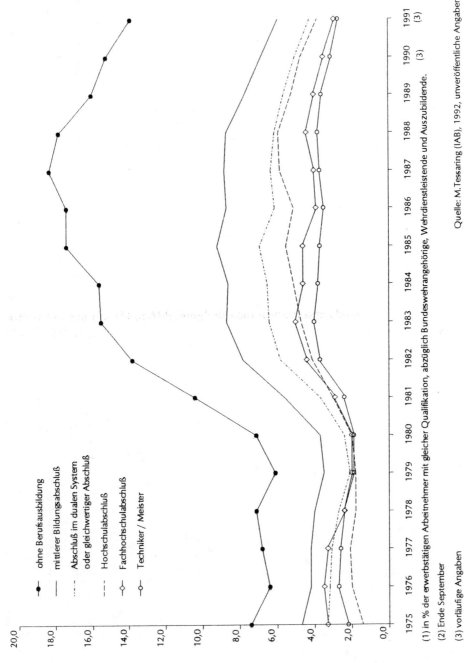

(1) in % der erwerbstätigen Arbeitnehmer mit gleicher Qualifikation, abzüglich Bundeswehrangehörige, Wehrdienstleistende und Auszubildende.

(2) Ende September

(3) vorläufige Angaben

Quelle: M.Tessaring (IAB), 1992, unveröffentliche Angaben

Auch die Arbeitslosigkeit, Prüfstein der Effizienz des Berufsbildungssystems unter dem Aspekt der Eingliederung ins Beschäftigungssystem, bereitet einige Interpretationsprobleme. Die Hauptschwierigkeit liegt in der Komplexität des Arbeitsmarktes für Jugendliche. Es gibt in der Tat zwei sogenannte 'Schwellen': Bei der ersten Schwelle am Übergang von der Schule in die Ausbildung handelt es sich im Grunde um den Ausbildungsstellenmarkt; die zweite, die Schnittstelle zwischen Ausbildungsabschluß und Eingliederung ins Erwerbsleben, ist ein Arbeitsmarkt im eigentlichen Sinne.

Der erstgenannte Markt ist besonders schwer zu beobachten, da nicht alle Jugendlichen, die keinen Ausbildungsplatz finden, sich arbeitslos melden. Sie können sich für eine andere als die angestrebte Ausbildung entscheiden, sich dann nochmals anders orientieren, eine schulische Ausbildung beginnen, um eine günstigere Situation abzuwarten, oder ihre Suche nach einem Ausbildungsplatz fortsetzen, ohne dies dem Arbeitsamt mitzuteilen (also weiterhin die Eltern für ihren Unterhalt aufkommen lassen). Aus diesen Gründen schlägt sich ein Ausbildungsplatzdefizit nicht zwangsläufig in Form einer proportional steigenden Arbeitslosenquote der Jugendlichen unter 20 Jahren nieder. Wegen der Diskontinuität der Berufsbildungslaufbahnen kann sich ein solches Defizit auch auf die Arbeitslosenquote der 20-24jährigen auswirken, gleichsam wie in einem System kommunizierender Röhren. Berücksichtigt man dazu noch die Probleme statistischer Konventionen[23] und die Interpretationsschwierigkeiten infolge demographischer Fluktuationen, wird deutlich, daß die Zahlen mit Vorsicht auszulegen sind.

Trotz aller Vorbehalte sind die beiden hier vorgelegten langen Reihen (vgl. Abbildung 10 und Abbildung 11) sehr aussagekräftig. Die Beobachtung der sogenannten Problemgruppen zeigt, daß die Arbeitslosenquote der Jugendlichen in den Krisenjahren über der Durchschnittsquote lag (heute liegen beide auf demselben Niveau). Doch obwohl in jenen Jahren die geburtenstarken Jahrgänge auf den Arbeitsmarkt drängten - und dies auf dem Höhepunkt der Konjunkturkrise - lagen die beiden Quoten zu keinem Zeitpunkt mehr als 5 % auseinander. Eine gänzlich andere Situation also als in Frankreich (die Differenz betrug dort in der fraglichen Zeit ca. 15 %). Noch aufschlußreicher ist die Arbeitslosenquote in Abhängigkeit vom beruflichen Abschluß: Bezogen auf die Gesamtheit der Arbeitslosen aller Altersgruppen

---

[23] So werden detaillierte statistische Reihen, die eine Aufgliederung der Arbeitslosenzahlen nach Alter und Qualifikationsniveau erlauben, nur zweimal pro Jahr, im Mai und September, erstellt. Die Arbeitslosenquoten der Jugendlichen mit den Angaben zu vergleichen, die sich auf die Gesamtheit der Altersstufen beziehen, wäre also nicht korrekt. Doch auch eine Gegenüberstellung der Septemberwerte, für die die vollständigsten langen Reihen vorliegen, führt wegen der saisonalen Abweichungen zu Verzerrungen, da die Gesamtarbeitslosenquote zu dieser Zeit einen relativen Tiefstand erreicht, während die Quote bei den Jugendlichen (besonders den unter 20jährigen) über dem Jahresmittel liegt. Darüber hinaus können sich auch aus der üblicherweise angewandten Art der Berechnung der Arbeitlosenquoten, bei der die Zahl der Arbeitlosen auf die Gesamtheit der Erwerbspersonen bezogen wird, Verzerrungen ergeben: In Frankreich erscheint nämlich die Zahl der in Ausbildung stehenden Jugendlichen nicht im Nenner, während diese in der Bundesrepublik als Erwerbstätige geführt werden. Vgl. hierzu Gero Lenhardt / Karen Schober, „Berufliche Bildung und Arbeitsmarkt. Der schwierige Berufsstart: Jugendarbeitslosigkeit und Lehrstellenmarkt". In: Max-Planck-Institut für Bildungsforschung - Projektgruppe Bildungsbericht (Hrsg.): Bildung in der Bundesrepublik Deutschland, Daten und Analysen 2. Reinbeck bei Hamburg 1980, S. 939 ff.

belegt die Statistik, daß die berufliche Ausbildung stets zur Minimierung des Risikos, arbeitslos zu werden, beigetragen hat. Unabhängig von der sich verlängernden Eingliederungsphase bleibt das duale System also ein sehr wichtiger Integrationsfaktor beim Übergang in die Berufswelt.

VII

Bilanz und Perspektiven

Die Vorzüge des alternierenden Systems

Am Ende dieser Untersuchung drängt sich eine Beobachtung auf - die große An-passungsfähigkeit der Lehrlingsausbildung nach deutschem Modell.[1] In der langfristi-gen Betrachtung ist sie klar erkennbar, wenn man nicht vergißt, daß der Begriff 'duales System'[2], der mit Blick auf die institutionelle Kontinuität durchaus legitim ist, im Grunde mehrere Arten beruflicher Bildung umfaßt, die einander in einem Zeit-raum von 100 Jahren ablösten. Vom aus der handwerklichen Idealvorstellung her-vorgegangenen Ausgangsmodell, das angesichts der Realitäten in den industriellen Großbetrieben eher archaisch wirkte, erfolgte seit den 30er Jahren ein schrittweiser Übergang zur Fachbildung des Arbeiters neuen Typs, dem Facharbeiter in der Indu-strie. Nach der gesetzlichen Konsolidierung von 1969 und einer Periode radikaler In-fragestellung in den 70er Jahren durchlief das System dann nochmals einen Wandel, durch den die Folgen der technologischen Veränderungen integriert werden konnten und somit die volle Legitimation wiederhergestellt war.[3]

Neben der institutionellen Dualität stellt so das Modernisierungspotential das zweite Element der Kontinuität in dieser langen Entwicklungsgeschichte dar. Da die betriebliche Ausbildung im Zentrum des Produktionsgeschehens angesiedelt ist, be-sitzt sie die Fähigkeit, Qualifikationsbedürfnisse aufzugreifen, deren Befriedigung ja die Hauptaufgabe des dualen Systems ist.

Diese Feststellung wird durch die Tatsache unterstrichen, daß in der jüngsten Entwicklung des Systems die Diskussion um die Veränderungen der Produktionsab-läufe von besonderer Bedeutung war.[4] Die 70er Jahre waren durch eine eher pessi-mistische Einschätzung der Perspektiven der Arbeitsorganisation geprägt. Nach der vorherrschenden Auffassung der Soziologen[5] führte der Rationalisierungsprozeß zu einer wachsenden Polarisierung der Qualifikationen. Diese Beurteilung gab in der Tat den Anstoß zu einer Reform des Bildungswesens, bei der ein bis zum Abitur rei-chender einheitlicher Bildungsgang unter Einbeziehung der Berufsbildung angestrebt

---

[1] Vgl. hierzu Wolf-Dietrich Greinert, „Hat das duale System der Berufsbildung seine Zukunft bereits hinter sich?" In: Berufsbildung Nr. 46 (1992) 2, S. 69-72.

[2] Dieser Begriff wurde übrigens erst 1964 erstmals gebraucht.

[3] Vgl. hierzu Wolf-Dietrich Greinert, Das duale System der Berufsausbildung in der Bundesrepublik Deutsch-land. Eschborn 1992.

[4] Vgl. hierzu Burkart Lutz, „Herausforderungen an eine zukunftsorientierte Berufsbildungspolitik". In: Bun-desinstitut für Berufsbildung, Die Rolle der beruflichen Bildung und Berufsbildungsforschung im interna-tionalen Vergleich (Kolloquium vom 25.10.1990). Berlin/Bonn 1991.

[5] Vgl. Hierzu insbesondere Horst Kern / Michael Schumann, Industriearbeit und Arbeiterbewußtsein. Frankfurt/M. 1970.

war. Die zu erwartende Dequalifizierung wurde als so weitreichend betrachtet, daß die Linke und die Gewerkschaften argumentierten, ein breiter Zugang zu einer längeren allgemeinen Schulbildung wäre durch die Zielsetzung gerechtfertigt, größere Chancengleichheit herzustellen, die Kritikfähigkeit zu entwickeln und die Persönlichkeitsentfaltung zu fördern, was in der Arbeitstätigkeit nicht besonders begünstigt zu werden schien. So gerieten die Vorteile einer in die Produktion integrierten Ausbildung eindeutig in den Hintergrund.

Seit Mitte der 80er Jahre kehrt sich die Tendenz um. Viele Experten vertreten die Auffassung, daß die technologische Entwicklung die Voraussetzung für eine Arbeitsorganisation schafft, bei der die Qualifikationen aufgewertet werden. Die neuen Produktionsweisen[6] können den Taylorismus und die Zentralisierung zurückdrängen, z.B. durch Einführung des Arbeitens in Kleingruppen, in denen sich eine 'Reprofessionalisierung' vollzieht, insbesondere dadurch, daß bestimmte Aufgaben in Fertigung und Wartung reintegriert werden. Wenn Arbeitgeber und Gewerkschaften zusammen auf ein solches Szenario hinarbeiten, bedeutet das für die duale Ausbildung als gemeinschaftlich verwaltetem System der Berufsbildung erneut einen großen Legitimationsgewinn. Dieser Vorteil kommt auch bei den neuen Ausbildungsordnungen zum Tragen: Daß die Polyvalenz hier so große Bedeutung hat, ist nur möglich, weil jeder Partner darin die Chance sieht, aus dem Potential der neuen Technologien den größten Nutzen zu ziehen.[7]

Da die Sichtweise der 70er Jahre, in denen die Demokratisierung des Bildungswesens als Richtschnur galt, nun in den Hintergrund getreten ist, können die dem dualen System inhärenten Qualitäten wieder voll zur Geltung kommen[8] :

1. Es sichert der Wirtschaft ein reichliches Angebot hochqualifizierter Arbeitskräfte.

2. Die Jugendarbeitslosigkeit wird auf niedrigem Stand gehalten, denn die Jugendlichen erhalten eine Qualifizierung in Berufen, die unter Mitsprache der Betriebe definiert worden sind, dort ausgebildet und folglich von den Arbeitgebern anerkannt werden.

3. Annähernd 70 % eines Jahrgangs werden betrieblich ausgebildet. Das duale System hat wesentlichen Anteil an der gesellschaftlichen Integration des Großteils der Jugendlichen, da es ihnen eine Berufsausbildung und Beschäftigungsperspektiven bietet.

---

[6] Erste Analysen in dieser Richtung finden sich bei J. Piore / Charles F. Sabel, The Second Industrial Divide. Possibilities for Prosperity. New York 1984, und Horst Kern / Michael Schumann, Das Ende der Arbeitsteilung? Rationalisierung in der industriellen Produktion. München 1984. Als Beispiel für französische Literatur sei genannt Benjamin Coriat, L'atelier et le robot. Paris 1990.

[7] In diesem Zusammenhang sei erwähnt, daß durch die Reform der Ausbildungsinhalte eine Tendenz zur Zurücknahme der Spezialisierung bekräftigt wird, die sich allein schon aus der abnehmenden Zahl von Ausbildungsordnungen ablesen läßt: Von 700 Ordnungen im Jahre 1970 sank die Zahl bis heute auf unter 400.

[8] Wird stützen uns hier auf die Typologie von Dieter Timmermann, „Szenario des Berufsbildungssystems". In: Frank Strikker / Dieter Timmermann (Hrsg.): Berufsausbildung und Arbeitsmarkt in den 90er Jahren. Frankfurt/M. 1990.

4. Es erfüllt eine Sozialisierungsfunktion, indem es den Auszubildenden erste Erfahrungen im Betrieb und im Berufsleben vermittelt.

5. Schließlich ermöglicht es die Heranbildung eines Potentials von Arbeitskräften, aus dem im Zuge der betriebsinternen Mobilität ein Großteil des Führungspersonals der mittleren und selbst der höheren Ebene rekrutiert werden kann.[9]

Der Tribut der Modernisierung

Die erkannte Effizienz des dualen Systems darf jedoch nicht über eine Reihe von Schwierigkeiten hinwegtäuschen. Dabei geht es zunächst um Probleme qualitativer Art, die in gewisser Weise einen Tribut an die Modernisierung darstellen.

Wie schon in Kapitel IV erläutert, fordern die zukünftig vorrangig angestrebten Schlüsselqualifikationen von den Betrieben pädagogische und organisatorische Anstrengungen, ja selbst eine Ausbildung in Bereichen, denen ihr Produktionsapparat gar nicht entspricht. Großfirmen mit Lehrwerkstätten können derartige Ansprüche erfüllen, doch viele kleine und mittlere Betriebe haben damit Schwierigkeiten. Letztere haben aber strategische Bedeutung, weil sie ca. 2/3 der Ausbildungsplätze anbieten. In dieser Situation gewinnen überbetriebliche Ausbildungsstätten immer mehr an Bedeutung. Berücksichtigt man aber, daß die heute bestehenden 600 Zentren, die meist dem Handwerk angehören, bereits Kosten von über 800 Mio. DM jährlich verursachen, wird deutlich, daß sich finanzielle Probleme ergeben, setzt man allein auf eine solche Lösung. Kann die Finanzierung dann weiterhin von der Wirtschaft intern geregelt werden (Einziehung der Beiträge durch die Kammern oder die Wirtschaftsverbände)? Oder lebt dann nicht bald die Debatte um eine staatliche Mitfinanzierung wieder auf mit allen damit zusammenhängenden Bedenken und der Polemik um das Risiko einer Verstaatlichung des Systems?[10]

Die qualitative Entwicklung des Systems hat auch die Rolle der *Berufsschule* verändert. Zielsetzung der neuen Ausbildungsordnungen ist es ja, den Jugendlichen nicht nur Kenntnisse und Fertigkeiten sondern auch *Handlungskompetenz* in ihrem Fachgebiet zu vermitteln. Die dieser Ambition entsprechenden pädagogischen Methoden sind so ausgerichtet, daß die Grenzen zwischen Fachgebieten und Aufga-

---

[9] Die Aufstiegswege zu Technikerpositionen wurden in Kapitel VI besprochen. Zur Bedeutung des Aufstiegs zu 'höheren Führungspositionen' vgl. die Studie von Michael Bauer und Bénédicte Bertin-Mourot, Les viviers des 200 en France et en RFA, (CNRS-Heidrick & Struggles). Paris 1991. Das Vorhandensein von Führungskräften, die „aus dem Glied hervorgegangen sind", leistet offensichtlich viel mehr für die „Unternehmenskultur", als alle Mitarbeitergespräche und jede innerbetriebliche Kommunikationspolitik.

[10] Vgl. hierzu Hermann Schmidt, „Zukunft von Qualifikation und Bildung". In: Joachim Jesse u.a., Zukunftswissen und Bildungsperspektiven. Baden-Baden 1988; und Josef Hilbert / Helmut Voelzkow, „Neue theoretische Analysen des Berufsbildungssystems". In: F. Strikker / D. Timmermann (Hrsg.): Berufsbildung und Arbeitsmarkt, a.a.O.

benbereichen fallen, wozu insbesondere der projektbezogene Unterricht dienen soll. Dies bedeutet, daß die ohnehin schon wenig zweckdienliche traditionelle Arbeitsteilung, bei der die Theorie der Schule und die Praxis dem Betrieb zugewiesen wird, kaum noch sinnvoll ist.

Um den neuen Anforderungen gerecht zu werden, müssen die *Berufsschulen* nicht nur eng mit den Betrieben kooperieren, sondern auch ihren Unterricht novellieren und umstrukturieren. Doch die Berufsschule steckt in der Krise; es fehlt an Geld und Lehrkräften (Defizit an zu besetzenden Stellen, aber auch an Bewerbern). Außerdem haben die Lehrkräfte zu wenig Fortbildungsmöglichkeiten. Sie befindet sich also in einer schwachen Position, besonders gegenüber den Großunternehmen, die vermehrt theoretischen Unterricht anbieten und immer 'professionellere' pädagogische Methoden einsetzen. Nach Einschätzung einiger Experten ist das Ungleichgewicht bereits so groß, daß eine schleichende Privatisierung des dualen Systems zu befürchten ist.[11]

Rekrutierungsprobleme

Die größten Probleme des dualen Systems in der Zukunft sind jedoch quantitativer Art. In Konsequenz der demographischen Entwicklung und des veränderten Bildungsverhaltens könnten im Laufe der Zeit ernsthafte Nachwuchsprobleme entstehen. Zum einen sinkt die Zahl der Jugendlichen, die im Alter für eine Lehrlingsausbildung sind, was besonders auf die geburtenschwachen Jahrgänge zurückzuführen ist. Zum anderen jedoch bröckelt die Vorrangstellung der betrieblichen Ausbildung im deutschen Bildungssystem allmählich ab - und dies obwohl gleichzeitig in den Szenarien zur Entwicklung der Produktionsstrukturen kein Bedarfsrückgang bei den vom dualen System bereitgestellten Qualifikationen abzusehen ist.

In diesem Zusammenhang hat die Tatsache, daß 1990 die Zahl der Studierenden erstmals in der Geschichte des deutschen Bildungswesens die Lehrlingszahlen überstieg, der Öffentlichkeit gleichsam die Augen geöffnet. Die in der Presse stark publizierte Statistik ist zwar irreführend, da man nicht von einer gleichen Ausbildungsdauer ausgehen darf. Die betriebliche Ausbildung erstreckt sich auf 3 ½ Jahre, das Hochschulstudium auf durchschnittlich 6 Jahre. Auch beginnen heute pro Jahr noch mehr als doppelt soviel Jugendliche eine betriebliche Ausbildung, wie sich Studierende im ersten Studienjahr befinden. Doch vor zehn Jahren gab es nur ein Drittel soviel Studienanfänger wie neu abgeschlossene Ausbildungsverträge.

---

[11] Vgl. hierzu z.B. Rainer Janisch, „Zur Gefahr einer Privatisierung der beruflichen Erstausbildung in der Bundesrepublik Deutschland". In: arbeiten und lernen, 8/1989, und Wolfgang Greinert, „Auf dem Wege zum Marktmodell? - Bemerkungen zur heraufziehenden Krise der dualen Berufsbildung in der Bundesrepublik". In: Klaus Harney / Günter Pätzold, Arbeit und Ausbildung, Wissenschaft und Politik. Frankfurt/M. 1990. Zur Situation der Berufsschule vgl. z.B. Heinz-Peter Hamhege, „Berufsschule und Berufsausbildung. Einseitige Anpassung oder wechselseitige Ergänzung?". In: F. Strikker / D. Timmermann, a.a.O.

Das Phänomen der Verlängerung der Hochschulausbildung ist auch in der Bundesrepublik nicht neu, trat aber später in Erscheinung als in Frankreich. Da zunächst die Rekrutierungsbasis des dualen Systems nicht geschmälert wurde, war das Phänomen bis heute kaum erkennbar. Wie Abbildung 12 zeigt, blieb der Anteil des dualen Systems an den Altersstufen 15 bis 19 Jahre von 1960 bis 1989 fast stabil. Angesichts der Datenlage scheint diese Stabilität auf einem Substitutionseffekt zu beruhen: Es konnten Jugendliche rekrutiert werden, die früher ohne Berufsausbildung in die Erwerbstätigkeit eingetreten wären, und dadurch wurden die Verluste an Jugendlichen wettgemacht, die sich für eine längere allgemeine Schulbildung entschlossen. Diese Interpretation mag zwar schematisch erscheinen, verdeutlicht aber den Hintergrund des heutigen Problems. Je mehr Jugendliche das allgemeinbildende Schulwesen an sich zieht, um so stärker reduziert sich zwangsläufig das 'Reservoir' potentieller Lehrlinge. So scheint das duale System an einem Wendepunkt seiner Entwicklung angelangt zu sein.

Abbild. 12

Stellung der 15-19jährigen im Bildungswesen nach Prozentanteilen (an der Wohnbevölkerung)

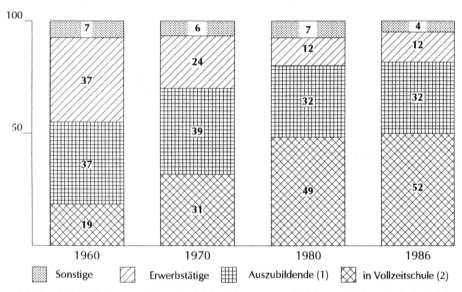

(1) Einschließlich Erwerbstätige und Arbeitslose unter 18 Jahren, die berufschulpflichtig sind. (2) Allgemeinbildende Schulen, höheres Bildungswesen, berufsbildende Vollzeitschulen.
Quelle: DIW-Wochenbericht 45/88, S. 609

In der Praxis schlägt sich dieses Phänomen schon in einem Facharbeitermangel nieder. Nach dem letzten Berufsbildungsbericht der Bundesregierung überstieg das Ausbildungsplatzangebot die Nachfrage um 20 %. Es trifft zwar zu, daß die Angaben der Bundesanstalt für Arbeit zu Angebot und Nachfrage die Lage insofern dramatisieren, als bei einer solchen Angebotssituation eine steigende Zahl Jugendlicher ihre Lehrstelle ohne Einschaltung der Arbeitsvermittlung erhält. Dessen ungeachtet ergibt sich unbestreitbar ein negativer Saldo: im Jahre 1991 ca. 120 000 unbesetzte Ausbildungsplätze.[12]

Hinter diesem globalen Ungleichgewicht verbergen sich vielschichtige Faktoren. Ungleichgewichtssituationen machen sich unterschiedlich bemerkbar, nicht nur je nach Region, sondern auch nach Sektor und Berufen. Das Handwerk ist besonders betroffen: Während es noch 1979 im Hinblick auf seinen Anteil an den im dualen System Ausgebildeten einen Höchststand erreichte (40,2 %), sank es 1990 auf einen historischen Tiefstand von 33 %. Sicherlich hat diese Entwicklung auch ihre positiven Aspekte, insofern, als die Jugendlichen nach Jahren des Lehrstellenmangels nun wieder Wahlmöglichkeiten haben und Betriebe meiden können, die eine ungenügende Ausbildung anbieten. Es zeigt sich jenseits der veränderten Konjunkturlage des Lehrstellenmarktes ein tiefgreifenderer Wandel, der mit dem Berufswahlverhalten zu tun hat: die zunehmende Abkehr von manuellen, gewerblichen und kaufmännischen Berufen mit geringer Qualifikation zugunsten von Tätigkeiten im Dienstleistungsbereich auf mittlerer und gehobener Ebene, allgemeiner ausgedrückt also der Verwaltungs- und Büroberufe.

Parallel zur steigenden Abiturientenzahl (ca. 30 % der Abgänger aus dem Schulsystem und 35 % der Schüler der entsprechenden Altersstufen[13]) zieht das duale System immer mehr Studienberechtigte an sich (im Jahre 1991 17,2 % der Auszubildenden). Diese Entwicklung entspricht im übrigen den gestiegenen Anforderungen in einigen Ausbildungsberufen, speziell der Handels- und Bankberufe, in denen sich die Materie zunehmend kompliziert und der Kundenkontakt immer wichtiger wird. Gleiches gilt für bestimmte Branchen der Metallverarbeitung, in denen EDV-Kenntnisse zur Programmierung der Maschinen unerläßlich geworden sind. Stellen die Arbeitgeber Auszubildende mit Abitur ein, besteht aber das Risiko, daß sich ihre Investition in die Ausbildung nicht amortisiert. Für einen ständig steigenden Anteil dieser Jugendlichen (gegenwärtig fast 20 %) bedeutet die betriebliche Ausbildung nur eine Zwischenstation vor der Aufnahme einer Hochschulausbildung.

Die Betriebe können versuchen, die Jugendlichen nach Ausbildungsabschluß zu halten, indem sie eine systematische Weiterbildungspolitik betreiben und attraktive Karrierewege erarbeiten. Oft jedoch sind die Aufstiegsmöglichkeiten wegen der Hierarchiestrukturen eingeschränkt. Es verbleibt noch eine Motivierung über das Gehaltsniveau, doch sind hier Grenzen gesetzt, da die Lohnkosten ohnehin schon sehr hoch und die Einstufungen durch die geltenden Tarifverträge fixiert sind.

---

[12] Bundesministerium für Bildung und Wissenschaft, Berufsbildungsbericht 1992. Bad Honnef 1992, S. 18.
[13] Diese und die folgenden Angaben sind berechnet nach: Bundesministerium für Bildung und Wissenschaft, Grund- und Strukturdaten 1992/93. Bad Honnef 1992.

Sofern die zu vermittelnden Qualifikationen nicht unbedingt die Einstellung von Abiturienten erfordern, umgehen die Arbeitgeber ein derartiges Risiko und greifen gezielt auf *Realschul-* oder *Hauptschul*abgänger zurück, sogar solche ohne Abschlußzeugnis. Global betrachtet profitieren also Jugendliche mit schlechten Schulleistungen, die früher von der betrieblichen Ausbildung ausgeschlossen waren, vom Bewerbermangel. Betriebe, die diesen Jugendlichen eine Chance geben, müssen die nötigen Maßnahmen ergreifen, um die Lücken in der Allgemeinbildung zu schließen; sie müssen den internen theoretischen Unterricht ausbauen und die pädagogische Begleitung sehr viel intensiver gestalten. Die *Berufsschule*, die bei dieser Aufgabe auch stark gefordert wäre, erfüllt diese Funktion nur unvollkommen.

Zur Wiederherstellung des globalen Gleichgewichts müßte man also 1) mehr Jugendliche zum dualen System hinführen, 2) dafür sorgen, daß die Bewerber auch handwerkliche und gewerbliche Berufe wählen und 3) darauf hinwirken, daß Auszubildende im tertiären Sektor ihren Beruf vermehrt nach Abschluß ausüben, anstatt direkt danach ein Studium anzustreben. In Anbetracht des Umfangs der Probleme sind alle Akteure im dualen System zu der Einsicht gelangt, daß eine umfassende Politik betrieben werden muß.

Die Regierung, die von den Arbeitgeberverbänden weitgehend unterstützt wird, müßte vor allem zwei Zielrichtungen verfolgen: die *Gleichwertigkeit* von Berufsbildung und Allgemeinbildung auf Sekundarstufe II herzustellen und die Anerkennung der Differenzierung der Berufsbildungsniveaus herbeizuführen.[14]

Mit der Herstellung der Gleichwertigkeit von Berufsbildung und Unterricht auf Sekundarstufe II soll dem Eindruck entgegengewirkt werden, die betriebliche Ausbildung führe in eine Sackgasse. Formal setzt dies voraus, daß ein Abschlußzeugnis eingeführt wird, das den direkten Übergang ins höhere Bildungswesen erlaubt. Inhaltlich ist eine Anpassung des Ausbildungsprogramms Vorbedingung, insbesondere die Verbesserung des Unterrichts in der *Berufsschule*.

Im übrigen befürwortet die Regierung eine offizielle Differenzierung der Abschlußzeugnisse der dualen Ausbildung außerordentlich, unabhängig von der implizit schon bestehenden Hierarchie je nach gewähltem Beruf und Betrieb. Sie hält es sogar für wünschenswert, daß selbst in einem Betrieb und bei einem Beruf der Verschiedenheit der individuellen Fähigkeiten und Resultate Rechnung getragen wird. Ein Angebot von Wahlmöglichkeiten, das eine Entfaltung der individuellen Fähigkeiten ermöglicht[15], verbunden mit einer Anerkennung der entsprechenden zusätzlichen Qualifikationselemente, gäbe dem dualen System die Chance, die begabte-

---

14 Zum Standpunkt der Regierung vgl. Fritz Schaumann, „Die Zukunft des dualen Systems". In: Berufsbildung in Wissenschaft und Praxis 1/1991 und „Experten: Ernstmachen mit Gleichwertigkeit der Berufsbildung". In: Handelsblatt 10/12/1992; zum Arbeitgeberstandpunkt vgl. „Differenzierung, Durchlässigkeit, Leistung. Bildungspolitische Position der Spitzenverbände der Wirtschaft". In: Die berufsbildende Schule, März 1992.

15 Es geht hierbei um eine Ausweitung auf verwandte Berufsfelder oder den Erwerb zusätzlicher Qualifikationen, z.B. technische Kenntnisse bei Handelsberufen bzw. kaufmännische Kenntnisse bei technischen Berufen.

sten Jugendlichen wieder an sich zu binden, wobei gleichzeitig die anderen weiterhin ausgebildet würden.

Diese Vorschläge finden keineswegs ungeteilte Zustimmung. Die Gewerkschaften und die Lehrkräfte der *Berufsschulen* stehen dem Gedanken der Gleichwertigkeit der beruflichen Bildung und der allgemeinbildenden Sekundarstufe II positiv gegenüber. Bei den Universitätsrektoren löst er jedoch nicht gerade enthusiastische Reaktionen aus; sie glauben nicht, daß eine solche Maßnahme die Attraktivität des dualen Systems erhöhen würde, sondern befürchten vielmehr einen noch stärkeren Ansturm auf die ohnehin schon überlasteten Hochschulen.

Am heftigsten umstritten ist jedoch das Prinzip der Differenzierung, dem die Gewerkschaften absolut feindselig gegenüberstehen.[16] Nach ihrer Auffassung sind die Unterschiede zwischen den Ausbildungsberufen und Betrieben schon groß genug. Sie fürchten, eine derartige Reform ermögliche, unter dem Deckmantel einer Rettungsmaßnahme für die Lehre, eine systematische Wiedereinführung der Anlernberufe, die im Zuge der Entwicklung der Ausbildungsordnungen in der Nachkriegszeit schon fast völlig verschwunden waren. Einige Experten (wie Burkart Lutz) halten eine Differenzierung aus Überlegungen grundlegenderer Art für nicht erstrebenswert: Man liefe Gefahr, damit sogar im Berufsbildungswesen Leistungsmechanismen zu institutionalisieren, die seinem Fortbestand auf lange Sicht schaden könnten. Für die Gewerkschaften liegt die Lösung in einer Ausbildung für alle in der Sekundarstufe II der Gymnasien.

Diese Forderung einer Verbindung von beruflicher Ausbildung und Abitur erscheint uns wie ein Rückgriff auf die Diskussion der 70er Jahre. Die heutige Diskussion weist tatsächlich Parallelen zur Debatte vor 20 Jahren auf; in einem Gesichtspunkt besteht aber ein fundamentaler Unterschied. Die Fortentwicklung der soziologischen Theorie, die Analyse der Qualifikationserfordernisse und der Formen der Arbeitsorganisation brachten fast alle Fachleute[17] zu der Überzeugung, daß die Schlüsselqualifikationen Fachkompetenz und Polyvalenz eng mit dem Lernortwechsel verknüpft sind, präziser gesagt mit der Vorrangstellung des Betriebs in der Berufsbildung.

Es muß sich erst noch zeigen, ob der nötige Konsens für eine Reform erzielt werden kann und ob pädagogische und institutionelle Veränderungen überhaupt ausreichen. Läßt sich das Bildungsverhalten einschneidend und dauerhaft verändern, wenn der Status des Facharbeiters nicht aufgewertet wird, besonders durch einen

---

[16] Vgl. hierzu z.B. Andreas Gruschka, „Diplom kontra Gesellenbrief". In: Gewerkschaftliche Bildungspolitik, 3/1992.
[17] Der Pädagoge Karlheinz A. Geissler bildet eine bemerkenswerte Ausnahme. Seiner Überzeugung nach hat das duale System seine Zukunft bereits hinter sich, weil es auf einem historisch überholten Verhältnis zur Arbeit beruht, das er, mit Bezugnahme auf Hanna Arendt, als „Paradigma der Fabrikation" bezeichnet. Er verteidigte seine Thesen auf einer vom BIBB im Jahre 1990 veranstalteten Tagung („Perspektiven der Weiterentwicklung des Systems der dualen Ausbildung in der Bundesrepublik". In: BIBB, Die Rolle der beruflichen Bildung und Berufsbildungsforschung im internationalen Vergleich. Berlin/Bonn 1991) und publizierte sie in leicht abgewandelter Form in Leviathan 1/1991: „Das Duale System der industriellen Berufsausbildung hat keine Zukunft."

Wandel der Hierarchiestrukturen und eine Erhöhung des Lohnniveaus? Mit der Berufsbildung verhält es sich nun einmal wie mit dem Bildungswesen insgesamt: Man kann seine Probleme nicht lösen, ohne den bildungspolitischen Horizont zu überschreiten.

Literaturhinweise

Veröffentlichungen in französischer Sprache:

Gesa Chomé, La Formation professionnelle en RFA. CIRAC. Paris 1985.

Adelheid Hege, „Apprentissage et insertion professionnelle en RFA". In: La Revue de L'IRES, Nr. 3, Frühjahr/Sommer 1990.

Marc Maurice / François Sellier / Jean-Jacques Silvestre, Politique d'éducation et organisation industrielle en France et en Allemagne. Paris 1982.

Martine Möbius / Patrick Sevestre, „Formation professionnelle et emploi: un lien plus marqué en Allemagne". In: Economie et statistique, Nr. 246-247, Sept./Okt. 1991.

Martine Möbius / Eric Verdier (Hrsg.), Le Système de formation professionnelle en RFA. Résultat de recherches françaises et allemandes. Paris 1992.

Jean-Jacques Silvestre, „La Professionnalisation: l'exemple allemand". In: Pouvoirs, Nr. 30, 1984.

Veröffentlichungen in deutscher Sprache:

Bundesministerium für Bildung und Wissenschaft, Grund- und Strukturdaten. Bad Honnef (erscheint jährlich).

Bundesministerium für Bildung und Wissenschaft, Berufsbildungsbericht. Bad Honnef (erscheint jährlich).

Wolf-Dietrich Greinert, Das duale System der Berufsbildung in der BRD, Struktur und Funktion. Eschborn 1992.

Wolf-Dietrich Greinert, „Hat das duale System seine Zukunft bereits hinter sich?" In: Berufsbildung, Nr. 4, 1992, S. 69-72.

Joachim Münch (Hrsg.), Das berufliche Bildungswesen in der Bundesrepublik Deutschland. Berlin 1987. Ausgabe in englischer Sprache: Vocational Training in the Federal Republic of Germany, 3. Aufl., Berlin 1991.

Karlwilhelm Statmann / Manfred Schlösser, Das duale System der Berufsbildung, eine historische Analyse seiner Reformdebatten. Frankfurt/M. 1990.

Wolfgang Streeck u.a., Steuerung und Regulierung der beruflichen Bildung. Die Rolle der Sozialparteien in der Ausbildung und beruflichen Weiterbildung in der Bundesrepublik Deutschland. Berlin 1987.

Frank Strikker / Dieter Timmermann, Berufsausbildung und Arbeitsmarkt in den 90er Jahren. Frankfurt/M. 1990.

Band 1

Georg Rothe

Dualsystem oder berufliche Vollzeitschule als alternative Angebote unter regionalem Aspekt
Untersuchung eines berufsqualifizierenden regionalen Bildungsangebotes am Beispiel der Fachrichtungen Tischler, Elektroinstallateur und Maschinenschlosser in den Räumen Vorarlberg, Mittelbaden, Bas-Rhin sowie Meurthe-et-Moselle

Système alterné ou école professionelle et leur complémentarité dans l'offre de formation sur le plan régional
Etude de l'offre de formation professionnelle sur le plan régional à partir des métiers de menuisier, d'électricien d'équipement et de mécanicien-ajusteur dans les régions du Vorarlberg, de Mittelbaden, du Bas-Rhin et de la Meurthe-et-Moselle

Band 2

Johannes-Jürgen Meister

Schulische Qualifikation und Berufskarriere
Analyse von Schlüsselqualifikationen jüngerer Erwerbspersonen eines Industrieunternehmens und ihr Einfluß auf die erste Phase ihrer Berufskarriere

Band 3

Waltraud Heinzlmeier

Berufliche Ausbildung ausländischer Jugendlicher
Der Einfluß der regionalen Herkunft türkischer Jugendlicher auf die Teilnahme an „Maßnahmen zur Berufsvorbereitung und sozialen Eingliederung junger Ausländer (MBSE)"

Band 4

Guido Herzog

Erste einjährige Berufsfachschulen in Baden
Entstehung und Entwicklung der ersten Berufsfachschulen für das KFZ- und Metallgewerbe in den dreißiger Jahren unter Berücksichtigung ihrer historischen, politischen und technischen Voraussetzungen

Band 5

Claus Metzger

Die gewerblich-technische Berufsausbildung im Bundesstaat São Paulo (Brasilien) im Vergleich zur Bundesrepublik Deutschland
Dargestellt am Beispiel von Ausbildungsbetrieben der Firmen Hoechst, Siemens, Volkswagenwerk in beiden Ländern

Band 6

Georg Rothe

Jugendliche im Wartestand
Möglichkeiten und Grenzen der Förderung jugendlicher Arbeitsloser in offenen
Maßnahmen bei Anwendung des alternierenden Systems

Band 7

Gerhard Lachenmann · Georg Rothe

**Berufliche Bildung in der Bundesrepublik Deutschland
aus englischer Sicht**
Bericht über ein englisches Forschungsprogramm zum Studium der deutschen
Berufsausbildung

Band 8

Hermann Röhrs

Berufliche Qualifikation und Rehabilitation
Eine zentrale Aufgabe berufspädagogischer Praxis und Theorie im Blickpunkt ein-
schlägiger Forschungsinstitute des In- und Auslandes

Band 9

Georg Rothe

Berufsbildungsstufen im mittleren Bereich
Begründung einer Systemergänzung durch Einführung von formalen Qualifikationen
oberhalb des Facharbeiters

Band 10

Georg Rothe u. a.

**Betriebe dies- und jenseits des Oberrheins
zu aktuellen Fragen der beruflichen Bildung**
Pilotstudie zum derzeitigen Stand und zu künftigen Anforderungen an die
Aus- und Weiterbildung

**Questionnement des entreprises de part et d'autre du Rhin
concernant la formation professionnelle**
Etude-pilote sur la situation actuelle et les perspectives
en matière de formation initiale et continue

Band 11

René Lasserre • Alain Lattard

Die berufliche Bildung in der Bundesrepublik Deutschland

Spezifika und Dynamik des dualen Systems aus französischer Sicht

Die Reihe wird fortgesetzt.